टाँग खींचने की कला

(व्यंग्य संग्रह)

टाँग खींचने की कला

रामस्वरूप दीक्षित

भारतीय ज्ञानपीठ

वाणी प्रकाशन : भारतीय ज्ञानपीठ की पुस्तकों
के एकमात्र प्रकाशक एवं वितरक

पहला संस्करण : 2022
दूसरा संस्करण : 2023
तीसरा संस्करण : 2024

लोकोदय ग्रन्थमाला : ग्रन्थांक 1495

प्रकाशक
वाणी प्रकाशन ग्रुप
4695, 21-ए, दरियागंज, नयी दिल्ली-110 002
फ़ोन : 011-23273167, 23275710
ईमेल : sales@vaniprakashan.in

ISBN : 978-81-19014-89-7

टाँग खींचने की कला
(व्यंग्य)
रामस्वरूप दीक्षित

TAANG KHINCHNE KI KALA
(Satire)
by Ram Swaroop Dixit

मुद्रक : आर. टेक ऑफ़सेट प्रिंटर्स, दिल्ली-110 032

Price : INR. 299

प्रेम जनमेजय के लिए

अनुक्रम

आयो सखि सावन

सावन के आने का अहसास हर आदमी को अलग-अलग होता है, इसके आने का पता लोगों को एक साथ नहीं लगता। किसी को जल्दी लगता है, किसी को देर से। मुझे सावन के आने का पता जल्दी लग जाता है, क्योंकि वह मेरे छप्पर से होता हुआ जमीन पर आता है। लेकिन मेरे बगल के बंगले के अफसर को इसका पता तब लगता है जब उनका रेडियो देश में बाढ़ से मरने वालों के आंकड़े देने लगता है और टी.वी. चैनल बाढ़ के मनोहारी दृश्य दिखाने लगते हैं, या फिर तब जब उनका दूधवाला भीगे कपड़े पहने दूध देने आता है।

सांसदों व विधायकों को सावन के आने की सूचना संसद या विधानसभा का वर्षा सत्र प्रारम्भ होने पर मिलती है, तो मंत्रियों को बाढ़ग्रस्त क्षेत्रों का दौरा करने के निमंत्रण मिलने पर। विरोधी नेताओं को सावन के आने का पता तब चलता है जब उनके बंगलों की टूटी छतों से पानी रिसने लगता है।

सावन के आते ही लोगों की जीभ स्वाद बदलने लगती है। मजदूरों की जीभ का स्वाद जाता रहता है। अफसरों की जीभ भजिया, कचौड़ी जैसी चटपटी चीजें चखने लगती है और उनके चपरासियों की जीभें इन चीजों को देखकर गीली होने लगती हैं। सत्ताधारियों की जीभ काजू-किसमिस आदि सूखे पदार्थों पर जा बैठती है तो विरोधियों की जीभ बाढ़ से मरने वालों की संख्या गिनने लगती है। आम जनता की जीभ चाय के प्यालों से जा लगती है।

सावन के आने से लोगों के क्रियाकलाप बदल जाते हैं। भावनायें बदलने लगती है। कविगण सूखी रोटियाँ खाकर गीली कवितायें लिखने लगते हैं। इस समय उनका मन अपनी प्रेमिका से उचट कर बादलों की गड़गड़ाहट व वर्षा की रिमझिम में जा लगता है। इधर उनकी प्रेमिका को विरह सताने लगता है। आयो सखि सावन मदन सरसावन सो लाग्यो तरसावन विरह जुर जोर तें।

सरकारी भवन गिरने और पुल बहने का समाचार सुनते ही लोकनिर्माण विभाग के इंजीनियर व ठेकेदार आपस में जाम टकराने लगते हैं। जाम खाली होते ही मुर्गे की प्लेट सामने आ जाती है, फिर दोनों अगली वर्ष अपना-अपना काम बदस्तूर जारी रखने के

लिये एक दूसरे को पान का बीड़ा खिलाते हैं।

मंत्रीगण अपनी पत्नियों और प्रेमिकाओं के साथ गगन विहार करते हुए बाढ़ पीड़ित क्षेत्र का दौरा करने लगते हैं। अफसर बाढ़ पीड़ितों को आवंटित करने आयी राशि का गुणा भाग करने लगते हैं। महत्त्वाकांक्षी विधायक मुख्यमंत्री को बाढ़ मंत्रालय गठित कर खुद को उसका मंत्री बनाने की सलाह देने लगते हैं। झुग्गी–झोपड़ी वाले रात को सोने के लिये अपने घरों के सूखे कोने तलाशने लगते हैं और बंगले वाले टी.वी. पर बरसात में बिजली की कड़क से भयभीत हो प्रेमी से चिपटी प्रेमिका को देखकर अपनी बीबी के गले में हाथ डालने लगते हैं।

अंग्रेजी स्कूलों में पढ़नेवाले बच्चे रैनीपोयम सीखना शुरू कर देते हैं और सरकारी स्कूलों के बच्चे स्कूल की छत गिरने से अपनी जान बचाकर भागने लगते हैं। स्कूली शिक्षक छात्रों को वर्षा ऋतु पर निबन्ध लिखाने लगते हैं और कालेजी प्रोफेसर छात्राओं को बिहारी के दोहे पढ़ाने लगते हैं। सत्तादल के लोग वर्षा अच्छी होने से कृषि की पैदावार अच्छी होने की आशा व्यक्त करने लगते हैं, तो विरोधी दल के लोग बाढ़ से हुये नुकसान को आंकने लगते हैं। सावनी वर्षा से कईयों के घर बह जाते हैं तो कइयों के भर जाते हैं।

बाढ़ पीड़ितों को सरकार व विपक्ष अपनी–अपनी रोटियाँ खिलाने लगते हैं। बाढ़ पीड़ितों की मदद करके सरकार अपनी हिलती हुई कुर्सी को स्थिर महसूस करने लगती है और विरोधियों को वह उलटती दिखने लगती है।

मेरी बहिन मेरे लिये रक्षाबंधन पर मुझे खिलाने के लिये मिठाई और मैं बहिन को देने के लिये रुपयों का इंतजाम करने लगता हूँ। मंत्रीगण मुख्यमंत्री को और मुख्यमंत्री आलाकमान को वर्षभर अपनी रक्षा के लिये राखी बांधने की तैयारी करने लगते हैं। मेरे पिछवाड़े रहने वाले रमुआ के बच्चे भूखे पेट मेंढ़कों से टर्रा रहे हैं। मजदूर बस्ती में चार दिनों से धुआँ नहीं उठ रहा है तो क्या सचमुच सावन आ गया है ?

अपने लगातार टपकते छप्पर व सूखे हुये चूल्हे को देखकर और पास वाले बंगले में रेडियो पर आ रहे गाने 'सावन का महीना पवन करे शोर, जियरा रे झूम ऐसे जैसे वन में नाचे मोर' को सुनकर अब तो मुझे पक्का यकीन होने लगा है कि सचमुच सावन आ गया है।

कुत्ते की जात

हमारे समाज में कुत्तों का बहुत महत्व है। कुत्ते हमारे जीवन का अनिवार्य अंग बन गये हैं। जीवन के हर क्षेत्र में कुत्तों की जरूरत पड़ती है। कुत्तों के बिना हमारा जीवन दूभर हो गया है। प्रगति की दौड़ में आज वे ही सफल हो रहे हैं, जिनके पास अच्छी नस्ल के कुत्ते हैं। कुत्ता विहीन लोग कुत्तों का सा जीवन जीने को मजबूर हो रहे हैं। कुत्ते की मौत मरना, कुत्ता कहीं का, कुत्ते-कमीने, दुम हिलाना, दुम दबाना जैसे मुहावरे हमें कुत्तों ने ही दिये हैं। कुत्ता संस्कृति तेजी से पनप रही है आदमी कुत्ता और कुत्ता आदमी बन रहा है। कई हैं जो कमजोर को देखकर भोंकने लगते हैं और सहजोर के सामने दुम हिलाने लगते हैं। किसी को देखकर गुर्राने लगते हैं तो किसी को देखकर काटने लगते हैं।

कुत्ते की चार जातें होती हैं। दुम हिलाने वाली, भौंकने वाली, गुर्राने वाली और चुपचाप काटने वाली।

दुम हिलाने वाले कुत्ते सरल स्वभाव और धार्मिक प्रकृति के होते हैं। वे अपने जाति-धर्म स्वामिभक्ति की रक्षा के लिये अपने स्वामी के सामने दुम हिलाने लगते हैं। जिसने इनके सामने जरा सा टुकड़ा फेंक दिया, ये दुम हिलाते हुए उसके तलबे चाटने लगते हैं। इनकी विशेषता यह है कि आप चाहें इन्हें दुत्कारें, चाहे भगायें, चाहे पीटें मगर ये आपसे विद्रोह नहीं करेंगे, न दुम हिलाना ही छोड़ेंगे। समाज में ऐसे कुत्ते बहुत पसंद किये जाते हैं, क्योंकि हर आदमी चाहता है कि कोई न कोई कुत्ता उसके सामने दुम हिलाता रहे। जो लोग सुबह से शाम तक दूसरों के सामने दुम हिलाते रहते हैं वे भी अपने सामने किसी कुत्ते को दुम हिलाते देख वैसे ही प्रसन्न होते हैं, जैसे उनके दुम हिलाते समय उनके बॉस उनसे प्रसन्न होते हैं।

भोंकने वले कुत्त दुम हिलाने वाले परिवार से ही संबंधित होते हैं। मगर धार्मिक प्रवृत्ति के साथ इनमें स्वाभिमान का भाव भी रहता है। इनकी स्वामिभक्ति का क्षेत्र अपने स्वामी तक ही सीमित रहता है। ये अपने मौलिक के सामने ही दुम हिलाते हैं, बाकी लोगों पर ये भोंकने लगते हैं। पर यदि इन्हें कुछ लालच दिया जाये तो ये भोंकना बंद कर दुम हिलाने लगते हैं। ये प्राय: उन लोगों पर भोंकते हैं, जो इन्हें अपने मालिक के खिलाफ नजर आते हैं, ऐसे लोगों पर भौंककर ये अपने मालिक को सचेत कर देते हैं। उनसे

मालिक की रक्षा करना इनके बूते के बाहर की बात होती है। ज्यादा तेज भोंकने वाले कुत्ते, जो रोटी देने पर भी भोंकना बंद नहीं करते उन्हें मांस का टुकड़ा देने पर वे भोंकना भूल जाते हैं। लेकिन कभी-कभी ज्यादा मांस खाने से इनकी दाढ़ में खून लग जाता है और ये भोंकने के साथ काटना भी शुरू कर देते हैं। कुछ लोग इन कुत्तों से बहुत भयभीत रहते हैं। चोरों के लिये तो ये कुत्ते उनके मार्ग की सबसे बड़ी बाधा होते हैं। पर कुछ लोग जो ये जानते हैं कि ये तो भोंकते ही रहते हैं, इनकी कोई परवाह नहीं करते। समाज में ये कुत्ते बहुत उपयोगी माने जाते हैं, क्योंकि इनके भोंकते रहने से लोग किसी हद तक चोरों से बचे रहते हैं। अगर वे भोंकना बन्द कर दें तो चोरों के हौंसले बुलन्द हो जायेंगे।

गुर्राने वाले कुत्ते भोंकने वालों से अधिक और काटने वालों से कम खतरनाक समझे जाते हैं। ऐसे कुत्ते अपने मालिक के दरवाजे के सामने चबूतरे के कोने पर प्राय: सोते हुए से पड़े रहते हैं और जब कभी कोई ऐसा-वैसा आदमी आता है, तो गुर्राकर एहसास दिला देते हैं कि जहाँ आप जा रहे हैं वहाँ एक अदद कुत्ता भी है, जो चौकन्ना है और आदमी की आहट पहचानता है। ये कुत्ते प्राय: आलसी किस्म के व चालाक होते हैं। कभी-कभी ये अपने मालिक पर ही गुर्राने लगते हैं ताकि मालिक समझे कि कुत्ता मुस्तैदी से अपना काम कर रहा है। इन कुत्तों की समाज में विशेष उपयोगिता नहीं होती, क्योंकि इनकी गुर्राहट से न तो चोर उचक्के डरते हैं, न मालिक ही सावधान हो पाता है। कई बार तो ये इतने धीरे से गुर्राते हैं कि इनका गुर्राना केवल इन्हीं को सुनाई देता है।

काटने वाले कुत्ते सही मायने में अपने मालिक के वफादार होते हैं। यदि कोई कभी इनके मालिक को क्षति पहुंचाने की कोशिश करता है तो ये चुपचाप उसे काट लेते हैं। इन कुत्तों से लोग डरते हैं। कभी-कभी इन कुत्तों से इनके मालिक का व्यक्तित्व पहचाना जाता है। यदि ये कुत्ते महत्त्वाकांक्षी हुये तो लोगों को काट-काटकर इतने खतरनाक बन जाते हैं कि लोग इनके मालिक से अधिक इन्हें मानने लगते हैं। ऐसे कुत्ते ताजे गोश्त के शोकीन होते हैं। इनके सामने गोश्त का टुकड़ा फेंककर काटने से बचा जा सकता है। ये कुत्ते अपनी काटनेवाली पहचान बन जाने के बाद चाहकर भी दुम नहीं हिला पाते ओर न चाहते हुए भी काटने लगते हैं। इनका स्वभाव ही काटना हो जाता है। ये परिचित-अपरिचित, अपने-पराये, शरीफ-बदमाश सभी को काटने लगते हैं। समाज में इन कुत्तों का बड़ा क्रेज होता है। हर आदमी चाहता है कि उसके पास ऐसे काटने वाले कुत्तों हों जिनसे वक्त पड़ने पर जिसे चाहे कटवाया जा सके। आजकल जिसके पास जितने अधिक काटने वाले कुत्ते होते हैं, वह उतना ही प्रतिष्ठित व समर्थ माना जाता है इन कुत्तों के मालिक वक्त पड़ने पर इन्हें अपने विरोधियों पर छोड़ देते हैं। राजनीति में तो ये कुत्ते जरूरी होते ही हैं, साहित्य में भी कुछ लोग इनकी उपयोगिता पर भरोसा रखते हैं। कभी-कभी इन कुत्तों के मालिक जब अपने बंगलों के बाहर "सावधान यहाँ कुत्ते रहते हैं" की तख्ती लगवाते हैं, तब लोग सोचने को मजबूर हो जाते हैं कि काश इन बंगलों

में आदमी रहते होते ?

हर जात के कुत्ते का रहन-सहन का स्तर अलग-अलग होता है। लेकिन चूँकि कुत्तों का अपना कोई अलग अस्तित्व नहीं होता, अपने मालिक से ही उनका अस्तित्व जुड़ा होता है इसलिए अपने मालिकों के स्तर के मुताबिक ही उनका स्तर होता है। जिन कुत्तों के मालिकों का स्तर मध्यमवर्गीय या उच्चमध्यमवर्गीय होता है, वे सड़क छाप आवारा कुत्तों की तुलना में कहीं अधिक व्यवस्थित जीवन जीते हैं। मगर भरपेट भोजन के अलावा उन्हें विलासिता की और कोई चीज सुलभ नहीं हो पाती, जबकि उच्चवर्गीय मालिकों के कुत्तों को मनचाहे भोजन के साथ ही साबुन से नहाने, सुगंधित तेल लगाने व गले में पट्टा व चैन धारण करने का सौभाग्य प्राप्त होता है। ये कुत्ते अपने मालिकों की आवश्यकता न होकर मनोरंजन की वस्तु होते हैं इनके मालिक व मालकिन इन्हें बेहद प्यार करते हैं तथा हमेशा अपने पास रखते हैं। जब इनकी मालकिनें इन्हें अपने सीने से लगाकर प्यार करती हैं तब कुत्ते तो कुत्ते, आदमी तक इनके भाग्य से ईर्ष्या करने लगते हैं। अपनी मालकिन की गोद में बैठकर कार से लेकर हवाई जहाज तक में बैठकर यात्रा करने का लाभ इन्हें मिलता है। इनकी सुख-सुविधाएं व ऐशो आराम देखकर इन्हें कुत्ता कहने में बड़ा संकोच होता है।

लेकिन जैसे जूती कितनी ही कीमती हो, पांव में ही पहनी जाती है, वैसे ही कुत्ता कितना ही भाग्यवान हो, किसी भी जात का हो, होता आखिर कुत्ता ही है।

मेरे शहर की सड़कें

दूसरे शहरों में सड़कें केवल चलने के ही काम आती हैं, पर हमारे शहर की सड़कें बहुउद्देशीय हैं। ये चलने के अलावा भी बहुत से काम आती हैं। बल्कि यूँ कहें कि चलने के काम ये सबसे कम आती है। बरसात में तो इनकी उपयोगिता और भी बढ़ जाती है। घर बैठे बाढ़ का सौन्दर्य इन सड़कों पर देखने को मिल जाता है। छोटे बच्चों को तैरना सिखाने के लिये नदी–तालाब ले जाने की जरूरत नहीं है, बरसात में सड़कों पर ये काम आसानी से हो सकता है। आप चाहें तो नौका विहार का आनन्द भी इन पर ले सकते हैं। जहाँ तीन–चार सड़कें आकर मिलती हैं, वहाँ तो महाजलप्लावन का दृश्य उपस्थित हो जाता है। प्रसाद के 'महाजलप्लावन' लिखने के समय काशी की सड़कें भी शायद ऐसी ही रही होंगी। इन सड़कों को पार कर स्कूल जाने वाला कोई भी छात्र अपने को लालबहादुर शास्त्री से कम नहीं समझता। उनका कहना है कि शास्त्री जी नदी तैर कर पार किया करते थे, हम सड़कें तैर कर जाते हैं। स्कूल जाने के प्रति हमारी निष्ठा शास्त्री जी से कहाँ कम है?

पानी रुकने पर हमारे यहाँ की सड़कें अपने चलने वालों के साथ होली खेलने लगती हैं। अपने गड्ढे रूपी बर्तनों में जमा कीचड़ रूपी रंग वाहन रूपी पिचकारी से राहगीरों पर डालती रहती है। राहगीर नाक–भौं सिकोड़ता है तो ये चुपके से कहती हैं 'बुरा न मानो होली है' और राहगीर रूआँसा होकर चला जाता है।

पानी बरसते समय तैराकी प्रतियोगिता के लिये ये सड़कें बड़ी उपयोगी हैं। सूखी होने पर गड्ढों को देखते हुए बाधा दौड़ के लिये भी ये उपयुक्त जान पड़ती हैं। ये गड्ढे गतिअवरोधक का काम भी करते हैं। और पी.डब्ल्यू.डी. को जगह–जगह गति अवरोधक बनाने की इल्लत से छुटकारा मिल जाता है। ये गड्ढे बड़े काम के हैं। इनमें भरा पानी पशुओं की पेयजल समस्या दूर करने में सहायक है, दूसरे बच्चे इनमें गोताखोरी का अभ्यास कर सकते हैं। शर्म के मारे चुल्लू भर पानी में डूब मरने वालों और बात–बात में 'कुयें में गिर जाऊँगी' की धमकियाँ देने वाली महिलाओं के तो ये बरसात भर जैसे स्वागत में ही खड़े रहते हैं। इन सड़कों पर चलना किसी साहसिक अभियान से कम नहीं है। इन पर कायदे से तो फर्स्ट एड बॉक्स लेकर ही चलना चाहिये। ये सड़कें छेड़छाड़

जैसी सामाजिक बुराई को दूर करने में सहायक हैं, क्योंकि इन पर चलने वालों को आँख ऊपर उठाने का मौका ही नहीं मिलता। आँख ऊपर उठायी नहीं कि गड्ढे में गिरे। बड़े आराम से पुरुष-महिलायें अगल-बगल से गुजरते रहते हैं, पर मजाल कि कोई किसी की तरफ आँख उठाकर भी देखे ?

जो केवल झूम-झूमकर चलने ओर अपने परिचितों को गालियाँ बकने के लिये ही सुरा सेवन करते हैं, उन्हें बिना सुरा सेवन के ही इन सड़कों पर चलने में यह आनन्द मिलता रहता है। वे गड्ढों से बचकर चलने के प्रयास में झूमते जाते हैं और पी.डब्ल्यू.डी. को गालियाँ बकते जाते हैं। कीचड़ से सनी इन सड़कों पर कभी लोग शर्माती वधू से एक-एक पग सँभाल-सँभाल कर चलते हैं तो कभी हिरण के समान छलाँग लगाते हुए। बरसात भर इन सड़कों पर चलने के बाद आदमी लाँग जम्प प्रतियोगिता में अखिल भारतीय स्थान प्राप्त कर सकता है।

किसी सत्तारूढ़ नेता की कार जब पैदल चल रहे विरोधी नेता पर कीचड़ के छींटे उछालते हुये चली जाती है तो वह जनता को बताता है कि देखो भाइयो! सरकार में होने के बावजूद ये कीचड़ उछालने से बाज नहीं आते। पर कुछ लोग तो कहते हैं कि राजनीति ही कीचड़ है, तो क्या राजनीति का कीचड़ ही इन सड़कों पर फैला हुआ लोगों को गंदा कर रहा है ? पर कीचड़ में तो कमल भी खिलते हैं, लेकिन सड़कों के कीचड़ में कमल नहीं होते, शायद राजनीति के कीचड़ में भी नहीं।

यदि आप बारिश के मौसम में कभी हमारे शहर आयें तो अपने साथ दो-चार जोड़ जूते-चप्प एक्स्ट्रा लायें नहीं तो आपको नंगे पैर वापस जाना पड़ेगा क्योंकि आपके जूते-चप्पल कहाँ कीचड़ में समाधिस्थ हो जायें, कहा नहीं जा सकता। अफसर और उनकी बीबियाँ पैदल इन सड़कों पर नहीं चलते। जब कभी बीबी के गले में हाथ डाले बैठे अफसरों की कारें इन सड़कों से गुजरती हैं तो उन्हें फिल्मी रोमांस का मजा आता है। कम से कम उनके लिये ये सड़कें आनन्ददायी हैं।

मंत्री जी के जूते

खबर है कि एक नगर में चल रहे मानस सम्मेलन के समापन समारोह में भाग लेने आये मध्यप्रदेश के एक मंत्री के जूते समारोह स्थल से चोरी चले गये। बाद में रात को ही दुकान खुलवाकर उनके लिये जूतों की व्यवस्था की गयी।

आजादी के बाद हुये हमारे मानसिक विकास का ये परिणाम है कि हम मंत्रियों को तो भगवान मानते ही हैं उनके जूतों तक को महत्वपूर्ण मानने लगे हैं। उनके जूते भी हमारे लिये खबर की वस्तु होते हैं। समारोह में बहुत से लोग भूखे पेट गये होंगे। (भूख धर्म का आधार है। हमारे यहाँ भूखा आदमी ज्यादा धार्मिक होता है खाया पिया आदमी आर्थिक या राजनैतिक होता है) उनमें से अगर कोई मर जाता तो हमारे खबर नबीसों के लिये शायद खबर न होती। पर मंत्री जी के जूतों की चोरी खबर बन गयी। वैसे समारोह में जब बेचारे मंत्री तक के जूतों को जूताचोरों ने नहीं छोड़ा तो और भी बहुतों के जूते वे ले गये होंगे। पर वे जूते मंत्री के थे। इसलिये खबर बन गये, बाकी आम आदमियों के रहे होंगे। आम आदमियों की तो मौत तक खबर नहीं होती। इस देश में बहुत से लोग हैं जो जिंदगी में केवल शादी के समय जूते पहन पाते हैं। बाकी जिंदगी पैर ही जूते बने रहते हैं।

यूँ मंत्रियों के जूतों से जनता के जूते ज्यादा कीमती होते हैं, क्योंकि वे पहनने के अलावा कभी-कभी मंत्रियों के कंठ हार के काम भी आते हैं। जनता जब मंत्रियों को पुष्पाहार पहनाते-पहनाते ऊब जाती है, तो वह चर्महार पहना डालती है अगर ये जूते धार्मिक समारोह की जगह किसी राजनैतिक समारोह से चुराये गये होते और मंत्री जी को जूतों की जरूरत पड़ती तो चार-छह जोड़ जूते तो उन्हें पार्टी के असंतुष्टों से ही मिल जाते। रात को दुकान खुलवाने की जरूरत न पड़ती।

मंत्री जी के जूते चोरी क्यों चले गये, इसके भी कई कारण हैं। जूता चोरों की अपनी एक अलग संस्कृति है। इनकी मान्यता है कि यदि धार्मिक समारोहों से जूते चुराये जायें तो धंधा अच्छा चलता है और पकड़े जाने का डर नहीं रहता। ये धार्मिक स्थलों या समारोहों में धार्मिकजनों के जूतों में धर्म तलाश करते घूमते रहते हैं इनका धर्म जूतों पर आधारित है। जूते चुराना इनका धर्म है। समारोह में आये लोग अपने धर्म का पालन करें या नहीं पर ये जरूर करते हैं। मंदिरों वा धार्मिक समारोहों में जो लोग दिलों और कजरारे नैनों का

काजल चुराने जाते हैं उनसे तो ये फिर भी अच्छे हैं।

हमारे धर्माचार्यों के प्रवचन इतने खोखले व प्रभावहीन हो चुके हैं कि वे कुछ समय के लिये भी लोगों को धार्मिक नहीं कर पाते। लोग प्रवचनों के बीच ही नैन बान चलाते रहते हैं और प्रवचनों के बाद जूते चुराकर चले जाते हैं। प्रवचन कर्ता भी प्रवचन प्रपंच से धर्मभीरु लोगों की श्रद्धा चुराते हैं। हो सकता है कि कोई अपने जूते पहचान कर ले गया हो या कोई आम आदमी हो जो जूते चुराकर मंत्री जी को कठोर भूमि का स्पर्श कराना चाहता हो कि देखो मंत्री जी कालीन पर चलकर तुमने अपने पाँव कितने मुलायम कर रखे हैं और यह धरती कितनी कठोर है। मंत्री पद छिनने पर तुम्हें इसी भूमि पर चलना है, इतना तो ख्याल रखो।

हालांकि मंत्री जी के इर्द-गिर्द मडराने वालों ने ऐसा करने नहीं दिया होगा। उन्होंने तुरन्त खुद को उनका जूता बनाना चाहा होगा। बहुत से सोच रहे होंगे कि काश मंत्री जी मुझे ऐसे मौके पर अपना जूता बना लें। जो बना होगा उसे तमाम बनने के इच्छुक आँखें फाड़कर देख रहे होंगे, पर मुँह से फूल बरसा रहे होंगे धन्य हो भैया तुम धन्य हो। तुम्हारा समारोह में आना सार्थक हो गया। तुम्हें मंत्री जी का जूता बनने का सौभाग्य मिला। तुम धन्य हो। वह निषाद के समान सबके आदर व श्रद्धा का पात्र बन गया होगा।

गनीमत यह रही कि मंत्री जी के जूते ही चोरी गये कुर्सी नहीं गयी, नहीं तो मंत्री जी यहाँ समारोह में प्रवचन सुनते रहते, उधर कोई असंतुष्ट मुख्यमंत्री से मिलकर उनकी कुर्सी चुराकर उन्हें सांसारिक विषय वासना से मुक्त कर देता। जिसने ये जूते चुराये होंगे, बहुत संभव है कि वह इस बात से अनभिज्ञ हो कि मैंने जो जूते चुराये हैं, वे मंत्री जी के हैं। क्योंकि जूता चुराने का काम व्यक्ति, जाति और धर्मनिरपेक्ष ढंग से होता है। जूते अनेकता में एकता के जीते जागते उदाहरण है। हिमालय से लेकर कन्याकुमारी तक सब जगह जूते चुराये जाते हैं। जूते हिन्दू के हों या मुसलमान के सिख के हों या ईसाई के, चुराने वाले उन्हें समान भाव से चुराते हैं। यह हमारे साम्प्रदायिक सद्भाव का प्रतीक है। जूता चोरों का यह राष्ट्रीय योगदान बड़ा मूल्यवान है।

जूता चोर बड़े लोकतांत्रिक होते हैं। ये तमाम उपलब्ध जूतों में से श्रेष्ठ का चयन करते हैं। ये समता के हमारे राष्ट्रीय आदर्श का पालन करते हुए मंत्री से लेकर संत्री तक के जूते चुराते हैं। मंत्री जी चिन्ता न करें, मंत्री पद छिनने के बाद जब सड़क पर उनके जूते जल्दी घिस जाये और वे जूतों की टोह में हों तो उसी शहर में जाकर किसी धार्मिक समारोह में भाग लें, उनके जूते फिर उनके पाँव में होंगे।

हाँ उनकी शक्ल जरूर बदल चुकी होगी, पर तब तक मंत्री मिटने पर उनकी खुद की शक्ल भी बहुत कुछ बदल चुकी होगी।

वृक्षारोपण का मौसम

बरसात का मौसम किसान के लिये जुताई–बुआई का, प्रायवेट स्कूलों के लिये डोनेशन का, सरकारी स्कूलों के लिये फर्जी भर्ती का तथा नेताओं के लिये वृक्षारोपण का मौसम होता है। बरसात की पहली फुहार के साथ ही उनकी कल्पना में वृक्षारोपण करते अखबारों में छपा अपना फोटो घूमने लगता है। जो लोग साल भर तक जंगल साफ कराते रहते हैं, वे ही वन महोत्सव में मुख्य अतिथि बनकर मुस्कराते हुए वृक्षारोपण कर रहे होते हैं। कैमरे वाले वृक्षों के मसीहा के रूप में उनका फोटो लेते हैं। मैंने एक अखबार में एक नेता जी का एक फोटो, जिसमें वे किसी सरकारी संस्था में वृक्षारोपण करते दिखाये गये थे, देखा तो मुझे ऐसा लगा जैसे शिकारी अपने शिकार के साथ खड़ा हो, जिसमें शिकारी मुसकरा रहा है और शिकार सहमा हुआ खड़ा है।

मैं एक सरकारी संस्था में एक ही गड्ढे में पिछले पांच सालों से लगातार वृक्षारोपण होते देख रहा हूँ। इसमें नगरपालिका के पार्षद से लेकर मंत्री तक वृक्षारोपण कर चुके हैं, पर गड्ढा अभी भी बांझ ही है। वह एक भी पौधे को जन्म नहीं दे सका। उसकी हालत उस वेश्या जैसी है जिसके साथ सैकड़ों लोग सोकर चले जते हैं पर उसकी गोद सूनी रहती है। उसमें दोष उस वेश्या का नहीं होता, उन लोगों का होता है जो उसके साथ केवल अपनी हवस मिटाने के लिये सोते हैं, संतानोत्पत्ति के लिए नहीं। इस गड्ढे में जो भी वृक्षारोपण करने आया, वह अपनी फोटो खिंचवाने और वन संरक्षण पर अपना भाषण देने ही आया। गड्ढे में अपने रोपे पौधे को लहलहाते हुए देखने की इच्छा किसी की नहीं रही।

कोई अफसर जब वृक्षारोपण करने जाता है, तो उसे सबसे बड़ी चिंता अपने हाथ गंदे होने की रहती है। एक बार एक सार्वजनिक स्थल पर वृक्षारोपण करने के लिये एक आई.ए.एस. अफसर को बुलाया गया। कार्यकर्तागण फूलमालाओं की तरह हाथ में पौधे लिये खड़े थे। एक नेता ने मुस्कराते हुए अफसर की ओर देखा फिर कार्यकर्ता के हाथ से एक पौधा लोकर इस भाव से अफसर की ओर बढ़ाया जैसे उन्हें मर्ल्यापण करने जा रहे हों। अफसर ने पूरी गंभीरता ओढ़े हुए नेताजी के हाथ से पौधे को लिया। पौधे की जड़ों में लगी गंदी मिट्‌टी को अपने हाथों में लगा देखकर उन्होंने नाक भौं सिकोड़ी। इसी बीच

कैमरामैन ने उनका फोटो ले लिया। पौधे को गड्ढे तक ले जाने के लिए वे झुके तो उनकी चुस्त पेंट की सीवन चटकने लगी। उनके दोनों हाथों में मिट्टी लगी थी वे पेंट को ऊपर करें तो कैसे। उन्हें असमंजस में पड़ा देख उनके पास ही खड़े एक डिप्टी कलेक्टर ने झुककर उनकी पेंट ऊपर की, इस प्रक्रिया में अफसर का चेहरा क्रोध से तमतमा गया। उसी तमतमायी मुद्रा में उन्होंने वृक्षारोपण किया। दूसरे दिन अखबारों में उनका फोटो आया तो एक फोटो में वे नाक भौं सिकोड़े विदूषक से लग रहे थे और दूसरे में उनके नेत्रों से आग की लपटें निकल रही थीं, जैसे पौधे को श्राप देकर भस्म करना चाहते हों। अफसर ने ये फोटो देखे तो आग बबूला हो गये। इसके बाद वे कभी भी वृक्षारोपण करने नहीं गये। बाद में सुना गया कि वे वृक्षारोपण को ढकोसला मानने लगे हैं।

कई लोग वृक्षारोपण के राष्ट्रीय कार्यक्रम को सफल बनाने के लिये वृक्षारोपण की जगह बनाने के लिये पेड़ साफ करते रहते हैं और वृक्षारोपण के मौसम में लगभग रोज ही किसी नेता या अधिकारी के हाथों वृक्षारोपण कराते रहते हैं। इस मौसम में इनका वन्य प्रेम जहाँ तहाँ टपकता है। 'वृक्ष ही जीवन है' जैसे राष्ट्रीय वाक्य इनके लिये ही कहे गये हैं। क्योंकि इनका जीवन पूरी तरह से वृक्षों के कारण ही होता है। वृक्षों से ही इनकी जीविका चलती है। इनकी ऊंची-ऊंची अट्टालिकायें, मोटर कार, नौकर चाकर सब वृक्षों की देन है। वृक्षारोपण के मौसम से कुछ पहले तक तबादलों का मौसम रहता है। इस समय नेता गण अधिकारियों को एक स्थान से उखाड़कर दूसरे स्थान पर रोपने में व्यस्त रहते हैं, इससे फुरसत हुये तब तक वृक्षारोपण का मौसम आ जाता है और वे वृक्षारोपण करने लगते हैं। वैसे इनके लिये अधिकारी और पेड़ में कोई अन्तर नहीं होता, वे दोनों को बराबर समझते हैं। उनके लिये दोनों ही फलदार होते हैं।

सूखे और बाढ़ की तरह वृक्षारोपण का मौसम भी नेताओं के लिये स्वास्थ्यवर्द्धक सिद्ध हुआ है। इस मौसम में इनकी तंदुरुस्ती काफी हरी-भरी रहती है।

पटवारी की कलम

संसार से दो बातों को मिटाया नहीं जा सकता। ये दो बातें हैं विधि का विधान और पटवारी की कलम। देव लोक में जो स्थान ब्रह्मा का है, वही स्थान मृत्यू लोक में पटवारी का है। ब्रह्मा से किस्मत का जो थोड़ा-बहुत लेखन रह जाता है, वह पटवारी पूरा करता है और ब्रह्मा का लिखा तो थोड़ा-बहुत इधर-उधर हो सकता है, पर पटवारी का लिखा हुआ मजाल कि टस से मस हो जाये। बड़े-बड़े साहित्यकारों की लेखनी में भले ही आज कोई ताकत न रही हो, पर पटवारी की कलम आज भी पहले की तरह प्रभावी और शक्तिशाली है।

पटवारी चाहे तो बड़े-बड़े भूपतियों को भूमिहीन कर दे और भूमिहीनों को भूपति। पटवारी की कलम भू-आंदोलन की प्रवर्तक है। समाजवाद की संवाहक है। पटवारी चाहे तो महीने भर में देश में समाजवाद ला दे। उसके पास पूंजी की कमी होती है तो वह समाजवाद लाने लगता है, पर इस दिशा में वह कुछ ही कदम उठा पाता है कि वह पूंजीपति हो जाता है और समाजवाद से उसकी आस्था हट जाती है और वह गरीबों को पट्टे पर मिली भूमि पर बड़ों का कब्जा कराने लगता है।

पटवारी की कलम कानून का उद्‌गम स्थल है। उसकी कलम से ही कानून निकलता है और कोर्ट कचहरी में जाकर फलता फूलता है। कोर्ट कचहरी का आधार उसकी कलम ही है। पटवारी की कलम न चले तो हिन्दुस्तान की आधे से ज्यादा अदालतें बन्द हो जावें। (पटवारियों से निवेदन है कि वे ऐसा न करें अन्यथा बड़ी मात्रा में जज और वकील बेरोजगार हो जायेंगे और इससे बेकारी की समस्या और भी विकट हो जायेगी।) पटवारी चाहे तो भरपूर फसल के आंकड़े देकर खाद्य समस्या का समाधान कर करता है, वह चाहे तो स्थिर रहने वाली भूमि को भी घटा-बढ़ा सकता है। एक बार जब नेहरू जी ने गांव-गांव में कम्पोस्ट खाद के लिए गड्ढे खोदने की योजना लागू की थी, तब पटवारियों ने अपनी कलम का कमाल दिखाया था। उन्होंने देश में खोदे गये कुल गड्ढों का जो क्षेत्रफल दर्शाया था वह कुल हिन्दुस्तान के क्षेत्रफल से ज्यादा था। पटवारी की कलम में वह ताकत है कि वह जिन्दा आदमी को मार सकती है और मरे हुए को जिन्दा कर सकती है। अभी हाल ही की एक घटना है। एक गरीब किसान को पटवारी ने अपने

रिकार्ड में स्वर्गीय कर दिया और उसकी जमीन उसके अलग रह रहे भाइयों के नाम कर दी। किसान के भाई जब जमीन पर कब्जा करने पहुँचे और किसान ने मना किया तो भाइयों ने कहा कि हमने पटवारी से मिलकर तुम्हें स्वर्ग भिजवा दिया है, इसलिए तुम चुपचाप हट जाओ नहीं तो हम तुम्हें अपनी लाठियों से स्वर्ग भेज देंगे और अदालत से बाइज्जत बरी होकर ठप्पे से तुम्हारे खेत हथिया लेंगे, क्योंकि पटवारी की कलम तुम्हें पहले ही स्वर्ग भेज चुकी है। किसान घबरा गया। उसने तहसीलदार साहब से प्रार्थना की कि हुजूर मैं बदलू तनय पलटू साकिन झगड़पुर हूँ। मैं जिन्दा हूँ, मगर हल्का के पटवारी ने मुझे मरा मानकर मेरी जमीन मेरे भाइयों के नाम कर दी है। तहसीलदार ने फाइल देखी, फाइल में बदलू के नाम के आगे स्वर्गीय लिखा देखकर तहसीलदार बोला, तुम झूठ बोलते हो। तुम बदलू नहीं हो। बदलू को तो हमारा पटवारी कब का स्वर्ग भेज चुका है।

नहीं हुजूर मैं बदलू ही हूँ। और जिन्दा हूँ। किसान ने दीन भाव से कहा।

मैं कैसे मानूँ कि तुम बदलू हो और जिन्दा हो। मुझे पटवारी पर पूरा भरोसा है, वह कभी भी गलत नहीं कर सकता। उसका लिखा झूठा नहीं हो सकता। जाओ तुम मर चुके हो। पटवारी का एहसान मानो कि उसने तुम्हें सांसारिक माया मोह से छुटकारा दिलाकर स्वर्ग भिजवा दिया। आदमी को बड़े-बड़े पुण्य करने पर भी जो स्वर्ग नहीं मिलता वह स्वर्ग तुम्हें पटवारी की कृपा से अनायास ही मिल गया, पर तुम हो कि स्वर्ग के सुख छोड़कर मृत्युलोक के कष्ट भोगना चाहते हो। किसान निराश होकर घर लौट गया। कुछ दिनों बाद भाइयों से हुए झगड़े में वह सचमुच स्वर्ग चला गया। पटवारी की कलम आखिर सच हो गयी। पटवारी अगर जिन्दा को मारता है तो मरे हुओं को जिलाता भी है। चुनाव के समय पटवारी की कृपा से अनेक मतदाता जीवित हो जाते हैं। लेकिन चुनाव के दिनों को छोड़कर शेष दिनों वह जनसंख्या नियंत्रण ही अधिक करता है। किसानों की आय तो पटवारी की कलम से ही घटती-बढ़ती है। किसान से इच्छित आय प्राप्त होने पर उसकी आय को पटवारी उसकी इच्छानुसार घटा-बढ़ा देता है। भूमि पर तो पटवारी का एक छत्र राज्य है। जहाँ-जहाँ भूमि है। वहाँ-वहाँ पटवारी है। भूमि और पटवारी परस्पर पूरक हैं। एक के बिना दूसरे की कल्पना नहीं की जा सकती। पटवारी भारत भूमि विधाता है। भूमि माता कहलाती है, पर पटवारी की कृपा से कई बार वह कुमाता बनकर अपने पुत्रों के प्राण हरण का कारण बनती है। पटवारी की कलम तनिक इधर-उधर ही कई इस लोक से परलोक पहुँच जाते हैं। लोग एक-एक इंच भूमि के लिए हँसते-हँसते प्राण न्यौछावर कर देते हैं। भारत भूमि से इतना प्रेम पटवारी के कारण ही लोगों में उमड़ता है।

पटवारी भूमि का प्रथम देवता है। भूमि संबंधी कोई भी काम करने से पहले खसरा खतौनी सहित पटवारी का आह्वान करना पड़ता है। उसकी विधि-विधान से पूजा अर्चना करनी पड़ती है। ऐसे अत्यन्त शक्तिशाली कलम के धनी पटवारी को जब रंगे हाथों रिश्वत लेते पकड़े जाने की खबर मैं पढ़ता हूँ तो मुझे बड़ा बुरा लगता है। पटवारी को दी

जानेवाली दान–दक्षिणा को रिश्वत समझना गलत है और पकड़ना तो और भी गलत है। पटवारी की रिश्वत पकड़ने वालो! तुम भी इसी धरती पर रहते हो। तुम्हें भी एक न एक दिन पटवारी से काम पड़ेगा, तब तुम्हीं उसे रिश्वत देते फिरोगे। पटवारी के सामने सबको झुकना पड़ता है। हमारे कृषि प्रधान देश का वह स्मरणीय–वंदनीय जीव है। पटवारी महान है। उसकी कलम महान है। उस कलम के लिखे हुए अक्षर महान हैं।

पुलिस का सम्मान

भाई जी भारतीय पुलिस पर बड़ी श्रद्धा रखते हैं। एक दिन मिले तो कहने लगे, ''यार आजकल बेचारे पुलिसवालों की बड़ी फजीहत है।''

मैंने कहा, ''आप ठीक कहते हैं। आजकल वाकई पुलिस का उतना सम्मान नहीं है, जितना होना चाहिये। लोग छोटी-छोटी ज्यादतियों को लेकर पुलिस का विरोध करने लगते हैं। पुलिस किसी को बेमतलब पीट दे या किसी महिला से बलात्कार कर ले तो लोग थानों का घेराव कर लेते हैं। दोषी पुलिस कर्मियों को दंडित किये जाने की मांग करने लगते हैं। पुलिस के साथ जनता का यह रवैया गलत है। इससे हमारी पुलिस निष्पक्ष होकर काम नहीं कर पाती। उसका मनोबल गिरता है।''

''पुलिस का काम है जनता की रक्षा, तो जनता का भी काम होना चाहिये पुलिस का सहयोग। यदि जनता पुलिस के हर काम में सहयोग करे और उसके द्वारा किये गये कार्यों की प्रशंसा करे तो निश्चित ही इससे पुलिस के सम्मान में वृद्धि होगी और वह अधिक अच्छी तरह से काम कर सकेगी।''

''अगर कोई पुलिसवाला आर्थिक तंगी की वजह से सौ-पचास रुपये की रिश्वत माँगता है तो हमें खुश होकर दे देने चाहिये, क्योंकि इन रुपयों से वह अच्छा भोजन करेगा, अच्छे भोजन से उसका स्वास्थ्य ठीक होगा और स्वस्थ रहकर वह हमारी रक्षा अधिक अच्छी तरह से कर सकेगा।''

''अगर कोई महिला थाने में रपट लिखाने जाती है और वहाँ उसके साथ बलात्कार हो जाता है तो हो जाने दो। लोगों से कहो कि हमारी पुलिस तो बड़ी सज्जन है। महिला ही खराब चरित्र की थी। उसी ने कहा गोगा कि देखो मुझे कामदेव सता रहे हैं आओ मेरे साथ सामूहिक बलात्कार कर लो। पुलिसवालों ने तो कहा था कि बहिन जी आप आदरपूवर्कक बैठिये हम आपकी रिपोर्ट लिख लेते हैं, पर महिला ही बोली कि रहने भी दो। रपट तो फिर लिख जायेगी। पहले बलात्कार तो कर लो। इससे पुलिस की बदनामी नहीं होगी। अगर पुलिस आपको किसी डकैती में झूठा ही पकड़ना चाहती है तो आप तुरन्त उसके समक्ष आत्मसमर्पित हो जाइये और बाद में वह आपका एनकाउंटर करना चाहे तो उसके लिए भी हँसते-हँसते तैयार हो जाइये। अगर आप इतना सहयोग करते हैं

तो आप विश्वास मानिये पुलिस चौबीस घंटे के अंदर डाकू समस्या का निदान कर लेगी।''

''अगर आपके मुहल्ले में चोरियाँ होती हैं, तो होने दीजिये। आप कोतवाली में रिपोर्ट लिखाकर पुलिस को परेशानी में मत डालिये। आप अपने मुहल्ले से चंदा कर हर माह पुलिस को पत्र-पुष्प अर्पित करना शुरू कर दीजिये। आपके मुहल्ले में चोरियाँ होना अपने आप बंद हो जायेंगी।''

''अगर कोई गुंडा सरे आम चौराहे पर आपकी पिटाई कर रहा है और पुलिस वहा तमाशबीन की तरह खड़ी रहकर आपकी कोई मदद नहीं करती है तो आप पुलिस पर कोई लांछन मत लगाइये। सोचिये कि खुद की ही गलती रही। मैंने पुलिस से नहीं कहा कि देखिये यह गुंडा मुझे बुरी तरह से पीट रहा है, आप मेरी रक्षा कीजिये। इसीलिए वह चुपचाप खड़ी रही (हालांकि उस पर भी वह कहती है कि पहले आप कोतवाली में रिपोर्ट लिखावाइये) नहीं तो अवश्य मदद करती।''

''आप अपनी माँ-बहिन या बेटी के साथ पुलिस थाने के सामने से गुजरते गैं और पुलिस जवान उनकी तरफ अश्लील इशारे करते हैं या उनसे छेड़छाड़ करते हैं तो कृपया पुलिस के सम्मान की खातिर इसे हो हल्ला का विषय मत बनाइये, वरन चुपचाप बर्दाश्त कर जाइये।''

''पत्रकार पुलिस के सम्मान को सबसे ज्यादा आघात पहुँचाते हैं। वे आये दिन पुलिस को बेनकाब करते रहते हैं। पुलिस का सम्मान बरकरार रखने के लिये पत्रकारों को पुलिस के प्रति अपना रवैया बदलना होगा। पुलिस जो चाहे करती रहे पर वे उसके खिलाफ कुछ न लिखें और लिखे तो चुपचाप पिट लें।''

''पुलिस डकैती डलवाती है, जेबें कटवाती हैं, चोरियाँ करवाती है, एनकाउंटर के नाम पर सत्तारूढ़ नेताओं के विरोधियों का सफाया कर रही है या महिलाओं के साथ सामूहिक बलात्कार करती है तो करने दो। तुम उसके किसी काम में अडंगा मत लगाओ। अगर उसके इन कामों का विरोध होगा तो उसकी छवि खराब होगी। उसकी प्रतिष्ठा को आघात पहुँचेगा। इसलिए हमें उसके इन कामों की भी प्रशंसा करनी चाहिये। क्योंकि हमें पुलिस का सम्मान बढ़ाने की दिशा में हर संभव प्रयास करना है और तब तक करते रहना है जब तक कि उसका सम्मान पूरी तरह से बढ़ न जाये।''

मेरी बात सुनकर भाई जी बुरी तरह झल्ला गये और बीड़ी फूँकते हुए उठकर चले गये।

मृतक को ऋण

आज सुबह-सुबह वे मिले तो कहने लगे, 'देखा आपने, भ्रष्टाचार जी बैंकों में भी घुस बैठे हैं।' मैंने कहा, 'क्या हुआ भाई। क्या किसी बैंक वाले ने आपसे रिश्वत ले ली है ?'

'रिश्वत ली होती तो गनीमत थी। वैसे भी अब जनता रिश्वत देते-देते इतनी उदार हो गयी है कि रिश्वत देने या लेने को वह भ्रष्टाचार नहीं मानती। बल्कि उसे सरकारी कर्मचारियों व आम जनता के बीच सोहार्द्र का माध्यम मानती है। पर यहाँ तो गजब ही हो गया।'

'क्या हुआ' मैंने फिर पूछा, तो कुछ खिसियाहट से वे बोले, 'क्या आपने कल का अखबार नहीं पढ़ा ? ग्रामीण बैंक की एक शाखा के प्रबन्धक ने एक ऐसे व्यक्ति को ऋण दे दिया है, जो दस वर्ष पूर्व ही इस लोक से नाता तोड़ चुका है इसमें भ्रष्टाचार की क्या बात है ?' मैंने कहा, 'यह तो बैंक प्रबन्धक की कर्तव्य परायणता व कार्यकुशलता का परिचायक है। हमारा देश वह कृषि प्रधान देश है, जहाँ का किसान ऋण में जन्म लेता, ऋण में पलता व ऋण में ही मरता है। प्रबन्धक ने अपने छात्र जीवन में अर्थशास्त्र में यह बात पढ़ी होगी। दूसरे उन पर 'ऋण कृत्वाघृतं पीवेत' की अपनी प्राचीन भारतीय संस्कृति का प्रभाव भी रहा होगा, तभी उन्होंने ऋण बांटने में इतनी तत्परता व उदारता दिखाई। सरकार की इच्छा है कि गरीबी रेखा के नीचे जीवन यापन करने वाले हर आदमी को बैंकों द्वारा उनका जीवन स्तर ऊँचा उठाने के लिए ऋण दिये जायें। प्रबन्धक ने सरकार की इस इच्छा को पूरी करने के लिए तमाम जीवितों के साथ अगर एकाध मृतक को भी ऋण दे दिया तो कौन सा बुरा कर दिया। आखिर मृतक था तो गरीब ही। फिर हो सकता है कि उसने पूर्व में अपने जीवन काल में ही बैंक से ऋण के लिये मांग की हो और देश को इक्कीसवीं सदी में ले जा रही हमारी सरकार के नियमानुसार उचित सिफारिश या पूजा के अभाव में अब उसकी ऋण राशि स्वीकृत हुई हो और प्रबन्धक महोदय ने यह सोचकर यह राशि उचित खानापूर्ति कर अपने पास रख ली हो कि वे खुद ही ऊपर जाकर वह राशि उसे दे देंगे।'

'यह भी हो सकता है कि वह व्यक्ति बिना ऋण लिये ही मर गया हो। बिना ऋण लिये स्वर्ग यात्रा करने का पासपोर्ट हमारे भारतीय किसान को नहीं मिलता। भारत में जन्मे औसत किसान को गरीब होना और सरकारी ऋण लेना जरूरी होता है। गरीब किसान

जिसने रुपयों के नाम पर सौ–पचास रुपये से अधिक नहीं देखे होते हैं, हजारों रुपयों की इकट्ठी राशि देखकर कहीं आनंदातिरेक से पागल न हो जाये, इसलिये बैंक अधिकारी दया भाव से ऋण की आधी राशि अपने पास ही रख लेते हैं। अगर कोई गरीब किसान बिना ऋण लिये ही मर जाता, तो यह हमारी ऋणप्रिय सरकार का अपमान होने के साथ ही हमारे बैंक अधिकारियों के हर ऋण चाहने वालों की ऋण राशि से दशांश ग्रहण करने के मौलिक अधिकार का हनन भी है। बैंक प्रबंधक ने सोचा होगा कि वह बेचारा मर गया, पर ऋण नहीं ले पाया। इसलिए इसे ऋण लेने के लिये पुन: किसी गरीब भारतीय किसान के घर जन्म लेना पड़ेगा। इसलिये उन्होंने उसे मरणोपरांत ऋण देकर उसे सांसारिक आवागमन के चक्कर से मुक्ति दिला दी। उसे ऋण दिये जाने की सूचना उन्होंने यमराज को भेज दी होगी और तब यमराज ने उसे स्वर्ग भेजने का आदेश दिया होगा। पहले उन्हें जब यह पता चला होगा कि यह बिना ऋण लिये ह चला आया है तो उन्होंने उसे नरक में रखा होगा।'

'जिस देश की सरकार अन्तर्राष्ट्रीय मुद्रा कोष से ऋण लेकर किसानों को बाँट रही हो, वहाँ का किसान बिना ऋण लिये मर जाये तो उसे नरक ही मिलेग। फिर जब हमारे यहाँ मरणोपरान्त 'भारत रत्न', 'परमवीरचक्र' व अन्य अनेक सम्मान व पुरस्कार दिये जा सकते हैं तो ऋण क्यों नहीं दिया जा सकता ?''

मेरी बात सुनकर वे झुँझलाकर बोले ''गलत कामों का समर्थन करने में तो वकील भी तुम्हारे सामने कुछ नहीं हैं।

'मैं गलत काम का समर्थन नहीं करता, इसके लिये तो नेतागण हैं, पर बैंक प्रबंधक द्वारा किसी मृतक को ऋण दिये जाने में मुझे कोई भ्रष्टाचार नजर नहीं आता, क्योंकि उसने जो कुछ भी किया वह अपने बीवी–बच्चों की सुख सुविधा के लिये ही किया होगा। इसका पुण्य लाभ भी मृतक को मिलेगा।' मैंने कहा। यह सुनकर वे चुपचाप वहाँ से चले गये।

बड़ों के बीच पंद्रह मिनट

मेरे एक अफसर दोस्त हैं। वैसे अफसर किसी के दोस्त नहीं होते। अपने बीवी-बच्चों तक से वे अफसराना व्यवहार करते हैं। पर कुछ जो अफसर होने के साथ मनुष्य भी होते हैं, वे किसी-किसी के दोस्त भी हो लेते हैं। देश के अन्य भागों की तरह हमारे यहाँ भी अफसर आम आदमी से दूर सिविल लाइन्स में निवास करते हैं। मेरे ये अफसर दोस्त भी वहीं रहते हैं। मैं अफसरों की इस बस्ती में जाने से डरता हूँ। कभी जाता हूँ तो लगता है, श्मशान घाट पर आ गया हूँ, जहाँ कई चिताओं पर मुर्दे जल रहे हैं। ये मुर्दे अपनी-अपनी आग में जलते हैं। दूसरों से कोई सरोकार इन्हें नहीं है। उस रोज अपने दोस्त के यहाँ इस मुर्दा बस्ती में बैठे जिंदा लोगों की चर्चा कर रहा था। इतने में चार-पाँच अफसर वहाँ आ टपके। इन्हें देखकर मैं अपने आपको मुर्दा महसूस करने लगा। अफसरों के लिये आम आदमी मुर्दे के समान होता है, जिसे न कोई दर्द होता है न जिसकी कोई समस्या होती है। ये अफसर आपस में बातें करने लगे।

''क्यों वर्मा जी वो आपको टी.वी. का क्या हुआ ?''

''अभी तो नहीं आ पाया। अब एक-दो महीने बाद लाने की सोच रहा हूँ। तब तक बच्चों की परीक्षाएँ भी निपट जायेंगी।''

''इस बार साब, ओलों ने तो पूरी फसल चौपट कर दी।'' मैं जिंदा होने की चेष्टा करता हूँ।'

''कल की फिल्म बहुत जोरदार रही, क्यों शर्माजी ?'' वे मुझे मुर्दा मानकर अपनी बात जारी रखते हैं।

''किसानों को सरकार की तरफ से कुछ तो राहत मिलनी चाहिए।'' मैं फिर हिलता-डुलता हूँ।

''हाँ फिल्म तो वाकई जोरदार थी। अमिताभ का रोल बहुत बढ़िया था।'' वे मुझे नकारते हुए आगे बढ़ते हैं।

इसी बीच नौकर दो प्लेटों में नाश्ता लाता है। ''लीजियेगा'' मेरे दोस्त कहते हैं। मैं देखता हूँ कि सबों की आँखें नाश्ते की प्लेटों पर हैं, पर वे जैसे कुछ सुना ही नहीं, की मुद्रा अपनाये अपनी चर्चा जारी रखते हैं। नाश्ता देखकर मैं अपने आपको टी.वी. की

चर्चा से मुक्त कर नाश्ते पर अपना ध्यान केन्द्रित करता हूँ। धीरे-धीरे मैं प्लेटें खाली करने लगता हूँ। जब मैं आधा नाश्ता साफ कर चुकता हूँ तो ये अफसर मुझे घूरते हैं और चर्चा बन्द कर नाश्ता करने लगते हैं। इतने में चाय आती हैं। मैं सबसे पहले कप उठाकर चुस्कियाँ लेने लगता हूँ। आम आदमी को चाय पीते देर नहीं लगती। अफसरों के चाय पीने का ढंग दूसरा है। वे एक प्याली चाय पीने में एक घंटा लगाते हैं, क्योंकि वे तमाम जरूरी गैर जरूरी चर्चाएँ इसी बीच करते हैं। मैं चाय पी चुकता हूँ, तब तक वे दार्शनिक की मुद्रा में चाय के प्याले को देखते रहते हैं। फिर उसे ऐसे गंभीरता से उठाते हैं जैसे किसी को श्रद्धांजलि अर्पित करने के लिये फूलमायें उठा रहे हों। इनमें जो बड़ा अफसर है, उसकी ओर सब ध्यान से देखते हैं। जब वह चुस्की लेता है तब बाकी लोग लेते हैं। जैसे शपथ ग्रहण कर रहे हों। बड़ा अफसर चुस्की लेने के बाद चर्चा शुरू करता है।''

''सरकार ने पेट्रोल के भाव बढ़ाकर ठीक नहीं किया, क्यों मेहता साब?''

''पर अभी टी.वी. के भाव नहीं बढ़े हैं साब, ऐसे में टी.वी. खरीदकर रख लेना चाहिए।''

''हाँ, यह बात तो ठीक है। कलर कितने का पड़ेगा?''

''यही कोई बारह-तेरह हजार का।''

''ठीक हैं तब कलर ही खरीदेंगे। कोई सरकारी टूर निकालकर दिल्ली से लायेंगे वहाँ सस्ता पड़ जायेगा।''

''जी, वहाँ तो काफी ''चीप'' पड़ेगा।''

ये बड़े लोग कहलाते हैं। ये अफसर हैं, जनता के भाग्य विधाता। पर ये अपनी ही चिन्ता में डूबे हुये हैं। जनता के दुख-दर्द की कोई परवाह इन्हें नहीं है। जनता रोटी के लिये परेशान हो रही है, इन्हें टी.वी. की पड़ी है। गेहूँ-चावल के भाव बढ़ने की तकलीफ इन्हें नहीं है। पेट्रोल और गैस के भाव बढ़ने की तकलीफ है। टी.वी. के भाव न बढ़ने की खुशी है। ये टी.वी. के लिये दिल्ली के दौरे करते हैं, पर जनता के दुख-दर्द जानने के लिये कार से नीचे पैर नहीं रखते। मुझे लगने लगता है कि अब मैं अधिक देर तक इनके बीच मुर्दा बनकर नहीं रह पाऊँगा और वे मुझे जिंदा स्वीकार नहीं करेंगे। इस घुटन से बचने के लिये मैं अपने दोस्त से विदा लेकर बाहर आ जाता हूँ। बाहर निकलकर ऐसा लगता है, जैसे किसी दूसरे गृह की यात्रा करके लौटा होऊँ। मन इतना भारी है कि लगता है मुर्दा जलाकर लौटा हूँ। घर पहुँचने पर अन्दर जाने से पहले नहाने की इच्छा होती है।

लाभप्रद मूल्यवृद्धि

''देखा साब आपने इस काम करनेवाली सरकार का कमाल? बजट लाने से पहले ही भाव बढ़ा दिये हैं, बजट में बढ़ेंगे सो अलग। आम आदमी का तो जीना ही मुश्किल है।'' मुझे देखकर दूर से ही उन्होंने कहना शुरू कर दिया।

''अभी कल तक तो आप कहते थे कि इस देश में सरकार नाम की कोई चीज है ही नहीं। मूल्य वृद्धि का एक लाभ तो हुआ कि आपको सरकार के होने का पता चल गया।'' मैंने कहा।

''जी हाँ और यह भी पता चल गया कि सरकार काम भी करती है।'' वे झुँझलाते हुए बोले।

''देखिये आप विरोधी दल के लोग तो सरकार की आलोचना करेंगे ही। अपने देश में विरोधी दलों का एक यही तो राष्ट्रीय कर्म रह गया है। अभी कल तक सरकार चुपचाप थी तो आप कहते थे कि सरकार कोई काम नहीं करती। अब सरकार ने एक काम किया तो आप उसकी बुराई करने लगे। अपने चुनावी घोषणा पत्र के अनुसार सरकार अपने आपको ''काम करनेवाली सरकार'' सिद्ध कर रही है। कई काम सरकार को केवल इसलिए करने पड़ते हैं कि लोगों को लगे कि देश में सरकार भी है। मूल्य वृद्धि से सबको पता चल गया कि हमारे यहाँ सरकार है। आप तो जानते हैं कि मूल्य वृद्धि करना सरकार का ही काम है। देश हित में सरकार को कई बार न चाहते हुए भी मूल्यों में वृद्धि करनी पड़ती है।'' मैंने कहा।

वाह साब! ठीक कहा आपने भला मूल्य वृद्धि में कौन सा देश हित छिपा हुआ है?'' उन्होंने मुँह बनाकर पूछा।

''मूल्यवृद्धि देश के लिये कई प्रकार से कल्याणकारी है। इससे लोगों में मितव्ययता आती है जो कि आर्थिक दृष्टि से बहुत उपयोगी है। दूसरे इससे वस्तुओं की उपयोगिता बढ़ती है। सस्ते दामों में मिलने पर जो चीज हमें साधारण उपयोगी लगती है, महँगे दामों में मिलने पर वही बहुत उपयोगी लगने लगती है। भाव बढ़ने से वस्तुओं का दुरुपयोग कम होता है। सस्ते मूल्य के गेहूँ को लोग भूख से भी अधिक खा लेते थे। अधिक खाने से आलस आता है और आलस आने से लोगों की कार्य क्षमता घटती है और इस प्रकार

हमारी उत्पादकता का ह्रास होता है। जो मजदूर पहले भरपेट रोटियाँ खाकर मटरगश्ती किया करते थे, वे अब महँगे गेहूँ की रोटियाँ आधे पेट खाकर खूब काम करेंगे। अब उन्हें आलस नहीं आयेगा। इस प्रकार हमारी उत्पादन क्षमता बढ़ेगी। क्या वह देशहित में नहीं है?''

''अभी आप देख रहे हैं कि सड़कों पर हजारों की संख्या में दौड़ने वाले वाहनों से आये दिन दुर्घटनायें होती रहती हैं। अब पेट्रोल के भाव बढ़ने से वाहनों की दौड़ में कमी आएगी और दुर्घटनाएं कम होंगी। आगे चलकर यात्री किराया भी बढ़ेगा, जिससे लोग अनावश्यक यात्राएँ कम कर देंगे। इससे लोगों की बचत होगी और ओव्हर लोडिंग की समस्या भी हल हो जायेगी। सस्ता घासलेट पाकर लोग जब देखो तब बहुएँ जलाते रहते थे, अब घासलेट महंगा होने से पहले उन्हें शेष रहे दहेज और घासलेट की राशि में फर्क करना होगा। जब उन्हें पता चलेगा कि जिस दहेज के कारण वे बहू को जलाने की योजना बना रहे हैं उसकी कीमत बहू को जलाने में लगने वाले घासलेट की कीमत से कम है, तो वे अपना विचार बदल देंगे (अलबत्ता दहेज में घासलेट की माँग की जा सकती है) यह अपने आप में एक सामाजिक क्रान्ति होगी।'' मैंने बताया।

''मूल्यवृद्धि का सबसे बड़ा लाभ ये है कि इससे आदमी की जरूरतें कम हो जाती हैं और वह 'सादा जीवन उच्च विचार' में आस्था रखने लगता है। सादा जीवन जीने से उसका शरीर निरोग रहता है और चित्त शांत। सारी बुराइयों की जड़ है पैसा। मूल्यवृद्धि होने से आदमी इस बुराई से हमेशा सुरक्षित रहता है। आदमी चौबीसों घंटे रोटी, कपड़ा जुटाने में लगा रहता है और उसका दिमाग शैतान का घर होने से बचा रहता है। ऐसी जनकल्याणकारी मूल्यवृद्धि की आप आलोचना करते हैं, तो अच्छा नहीं लगता। सरकार की उदारता भी तो देखिये कि उसने आप विरोधियों की बात भी मान ली और भावों में कुछ कमी कर दी। पर सरकार की सदाशयता की कीमत आप भला कहाँ करेंगे? अगर सरकार किसी आदमी को पचास कोड़े मारे जाने की सजा दे और वह आदमी कहे कि सरकार पचास कोड़े तो बहुत होते हैं, कुछ कम किये जायें और सरकार उसकी प्रार्थना सुनकर दस कोड़े माफ कर दे तो यह सरकार की उदारता ही कही जायेगी सरकार की इस बीस प्रतिशत उदारता की कद्र तो हमें करनी चाहिए।'' मैंने उन्हें समझाया।

''बस-बस चुप भी रहो। तुम जैसे सरकारक के पिट्ठुओं को हम खूब जानते हैं।'' कहते हुए वे तेजी से चले गये।

टाँग खींचने की कला

हमारे देश में कलाओं का इतिहास काफी पुराना है। टांग खींचने की कला का प्रादुर्भाव कब और कैसे हुआ, यह तो वकायदा शोध के बाद ही पता चलेगा, परन्तु इतना सत्य है कि यह कला हमारे देश में प्राचीन काल से ही चली आ रही है और आज इसने एक पूर्ण विकसित कला का रूप ले लिया है। देश भर में स्थानीय से लेकर राष्ट्रीय स्तर तक 'टांग खींच कला केन्द्र' चल रहे हैं। यूँ तो इस कला का क्षेत्र काफी व्यापक है और जीवन के प्राय: हर क्षेत्र में यह विद्यमान है, परन्तु राजनीति और साहित्य में इसका चलन इतना बढ़ गया है कि बिना इसके इन क्षेत्रों में टिके रहना मुश्किल हो गया है। इन क्षेत्रों में बने रहने के लिये आपको अपनी टांग बचाने में व दूसरे की खींचने में दक्ष होना जरूरी है, यदि आपका ज्ञान इनमें अधूरा है तो आप अपने मुकाम पर कभी नहीं पहुँच सकते। साहित्य में यह करना काफी फली-फूली है। आज के साहित्य जगत में देश में कई जगह, खासकर प्रदेशों की राजधानी स्तर पर एवं राष्ट्रीय स्तर पर इसके प्रशिक्षण केन्द्र संचालित हैं, आप उनमें भर्ती होकर अपनी हैसियत व आवश्यकतानुसार डिप्लोमा या डिग्री ले सकते हैं। पुराने कलाकारों के लिए समय-समय पर रिफ्रेशर कोर्स भी कराये जाते हैं। इनमें टांग खींचने के एकदम आधुनिकतम तरीके सिखाये जाते हैं। यह कला सीखना बहुत आसान नहीं है। यह बहुत ही श्रम, समय व चौकन्नापन मांगती है। आप तनिक असावधान हुये नहीं कि गये काम से। यह बहुत सूक्ष्म कला है। इसे साधना सबके बूते की बात नहीं है। बिरले ही इसमें दक्षता हासिल कर पाते हैं। बिना पूर्ण दक्ष हुए इस कला का प्रयोग कई बार बहुत घातक सिद्ध होता है। साधक को प्रारम्भ में किसी योग्य गुरू की देखरेख व संरक्षण में ही इसका प्रयोग करना चाहिये। इस कला के साधक को बगुले सी एकाग्रता व अवसर आने पर वैसी ही फुर्ती चाहिए। आपको निरन्तर किसी के साथ चलना होता है। इस दौरान पहले तो अपनी टांगों पर ध्यान देकर उन्हें संभालना या सुरक्षित रखना होता है और उससे भी ज्यादा ध्यान साथ में चलने वाले की टांगों पर देना पड़ता है। वह जैसे ही मंजिल की पहली सीढ़ी पर कदम रखे आप तड़ से उसकी टांग खींच दीजिये। खिंचाई इतनी भरपूर होनी चाहिये कि अगला चारों खाने एकदम से चित्त हो जाये। उसे संभलने का मौका दिये बिना आप अपने आगे-पीछे, दांये-बांये देखकर फुर्ती से आगे बढ़ जाइये।

कई बार इसमें दिल दिमाग के साथ-साथ शारीरिक मजबूती का होना भी जरूरी है, क्योंकि कई बार ऐसा भी होता है कि टांग खींचने वाला उसकी प्रतिक्रिया से स्वयं अपनी टांग के साथ-साथ हाथ और कभी-कभी मुँह भी तुड़वा बैठता है। यह कला बहुत ही जोखिम भरी है। यह दमदार मगर मौका पड़ने पर दुमदार बन सकने की क्षमता रखने वालों को ही रास आती है। बहुतेरे हैं जो दूसरे की टांग खींचने के चक्कर में अपनी टांगें तोड़ बैठे हैं। इस कला के द्वारा जिसकी टांग टूटती है वह समझ लो कि दो-चार साल के लिये तो गया काम से। कुछ दुस्साहसी किस्म के लोग एक टांग टूट जाने के बाद बची हुई एक टांग के बूते ही किसी की बैसाखियों के सहारे मंजिल की तरफ चल पड़ते हैं तब या तो वह विकलांग कोटे के तहत कोई रियायत पा जाता है या दूसरी टांग भी तुड़वाकर घर बैठ जाता है।

कोई उत्साही लेखक अपनी रचना लिये संपादक के दफ्तर की तरफ दौड़ा चला जा रहा है। आपने कोई कीचड़ भरी जगह देखकर उसकी टांग खींच दी। लेखक और उसकी रचना दोनों कीचड़ में। आप संपादक से रूबरू हुये और रचना प्रकाशन के जो और जैसे रिवाज है, उन्हें पूरा कर संपादक की कृपा पाने में कामयाब हो गये। आपकी रचना छपकर आ गयी और उत्साही लेखक अपनी टांग सहलाता उसे पढ़कर माथा पीट रहा है। साहित्य के क्षेत्र में आगे बढ़ने के लिये आपको निरन्तर अपनी टांग खिंचने के प्रति सतर्क रहना होगा। बहुत सावधानी के साथ एक-एक कदम बढ़ाना होगा। कदम चूके नहीं कि टांग खिंची। जैसे-तैसे आप स्थानीय टांग खींचों से बचकर निकल भी गये तो प्रदेश स्तर पर उनके उस्ताद इसी फिराक में बैठे हैं। आप कहाँ तक और किस-किस से बचेंगे। मगर यदि आपको साहित्य की सेवा करनी है और उसे सेवा के बदले मेवा भी पानी है तो इन सबसे बचना ही होगा। कई वरिष्ठ टांग खींचूं तो इतने शातिर होते हैं कि आपकी टांग भी खींच देंगे और आपको मालूम भी न पड़ने देंगे। उनके टांग खींचने से न तो आप चारों खाने चित्त गिरेंगे और न आपकी टांग टूटेगी। आपकी बस चाल बदल जायेगी। आपको लगेगा कि आपके पांव कुछ भारी-भारी से हो रहे हैं (महिलायें कृपया अन्यथा न लें) और आपकी गति में कुछ धीमापन आ जायेगा और यही उनका लक्ष्य था। आपको वर्षों बाद जाकर पता चलेगा कि अमुक जी ने आपकी टांग खींच दी थी

इस कला का सर्वोत्तम रूप यह है कि उसमें आपकी टांग नहीं खींची जायेगी, बल्कि आपको इतना तेज दौड़ा दिया जायेगा कि आप स्वयं गिर कर अपनी टांगें तोड़ बैठेंगे और किसी को दोष भी नहीं देंगे। इसी की एक श्रेणी और है इसमें किसी की टांग खींचने के लिये किसी और की टांग मजबूत करनी होती है। जिसकी टांग खींचनी है मान लीजिये कि उसकी टांगें आपकी यानि की खींचने वाले की पकड़ से बाहर है तो? तो क्या हुआ? निराश होने की जरूरत नहीं है उसकी टक्कर के किसी दूसरे व्यक्ति की टांगों का मालिश करके उन्हें इतना ताकतवर व फुर्तीला बना दीजिये कि वह उससे आगे

निकल जाये, जिसकी टांग आपकी खींचनी थी। बेचारा बिना टांग खींचे ही चित्त हो गया। फिर आप उसके पास जाकर सहानुभूति भी जता सकते हैं। आपके साथ यह क्या हो गया? आप तो बिल्कुल मंजिल के करीब ही थे यह बीच में कहाँ से टपक पड़ा? पिद्दी न पिद्दी का शोरबा।

टांग खींच कला के जो स्थितप्रज्ञ साधक हैं वे अपने निरन्तर तप से बातों से ही टांग खींचने में महारत हासिल कर लेते हैं। वे निंदा ही नहीं प्रशंसा करके भी किसी की टांग खींच सकते हैं। कोई नामी प्रकाशक किसी बढ़िया लेखक की किताब छापने जा रहा है। श्री जी को पता लगता है तो एक दिन सब काम छोड़ प्रकाशक के पास पहुँच जाते हैं उससे कहते हैं, ''भैया जी, बहुत ही अच्छे व ऊँचे लेखक हैं, क्रान्तिकारी विचार हैं उनके, मगर इसे हिन्दी का दुर्भाग्य ही कहेंगे कि ऐसे ऊर्जावान लेखक को पाठक नहीं मिलते, पता नहीं पाठक आखिर पढ़ना क्या चाहता है? पिछली दफा अज्ञान प्रकाशन मंदिर ने उनकी पुस्तक छापी थी। यह सोचकर कि इतने बड़े लेखक हैं किताब हाथों हाथ बिक जायेगी। आज पाँच साल हो गये उसे छपे, परसों मिला तो बता रहा था कि दस हजार में से केवल दस किताबें बिकी हैं। दो कमरे गोदाम बने पड़े हैं। क्या किया जाये पाठकों की रुचि ही अजीब हो गयी है। पर आप तो बड़े प्रकाशक हैं। आपको पुस्तकें बेचने का भी अच्छा व लम्बा तर्जुबा है। आप अवश्य ही भैया जी की कोई पुस्तक छाप दीजिये। यदि सभी प्रकाशक व्यावसायिक नजरिये से सोचने लगेंगे तो श्रेष्ठ साहित्य का क्या होगा?'' कुछ समय बाद सुना गया कि उस प्रकाशक ने भैया जी की पांडुलिपि यह कहकर लौटा दी कि अभी हमारा पुराना काम इतना बाकी है कि दो चार साल नयी पांडुलिपि हाथ में लेना संभव नहीं है। भैया जी गिरे चारों खाने चित्त। न आग जली न धुआँ उटा पर जो जलाना था वह जल गया।

देश का सबसे प्रतिष्ठित पुरस्कार दिया जाना है। महाशय 'क' का नाम जोरों से चर्चा में है। वे इसके हकदार भी हैं। सभी उनके पक्ष में लग रहे हैं। निर्णायक समिति के कई सदस्य उनके प्रशंसक हैं मगर पुरस्कार मिलने में अभी कुछ देर है। उसके पहले एक राज्य सरकार का लखटकिया पुरस्कार दिया जाना है। श्री जी उसकी निर्णायक समिति के अध्यक्ष हैं वे महाशय 'क' को राज्य सरकार का वह सर्वोच्च पुरस्कार दिला देते हैं। 'क' महाशय इस लखटकिया पुरस्कार पाने का जश्न मना ही रहे होते हैं कि इसी बीच एक प्रतिष्ठित अकादमी का पुरस्कार भी उनके नाम घोषित हो जाता है। 'क' को समझ नहीं आता कि उन्हें यह पुरस्कार पर पुरस्कार क्यों मिल रहे हैं, जबकि पिछले अनेक वर्षों से इनके लिये उनके नाम पर विचार करना तक ठीक नहीं माना जाता था, मगर बेचारे महाशय 'क' को क्या मालूम कि वे विख्यात टांगखींचक, टांगखींच शिरोमणि श्री जी की नजरों में हैं। 'क' को मिले इन दोनों पुरस्कारों का इतना व्यापक व विस्तृत प्रचार प्रसार श्री जी करवाते हैं कि देखते ही देखते महाशय 'क' चर्चा के केन्द्र बिन्दु बन जाते हैं। फिर

वह अपने एक चेले से एक समीक्षात्मक टिप्पणी भी लिखवा देते हैं कि लगता है कि राष्ट्र का सर्वोच्च साहित्य पुरस्कार भी 'क' महाशय को ही दिया जाएगा। मगर दूसरी ओर धीरे से यह प्रश्न भी उठा दिया कि लेकिन क्या इससे देश के अन्य साहित्यकारों के साथ अन्याय नहीं होगा ? क्या हिन्दी भाषा इतनी विपन्न हो गयी है कि उसे पुरस्कृत करने के लिए महाशय 'क' के अलावा अन्य कोई लेखक नहीं मिल रहा है। और यह टिप्पणी छपने के बाद महाशय 'क' का नाम सवोच्च समिति की सूची से अलग कर दिया जाता है। श्री जी अपनी साधना का सुफल देख गद्गद् हैं।

ऐसे कारनामे भला और किस कला द्वारा संभव है ? एक और उदाहरण देखिये। गड़बड़ जी देश के प्रतिष्ठित मंचीय कवि हैं। उनकी देश भर में धाक है। हर जगह बुलाये जाते हैं। तगड़ा पारिश्रमिक लेते हैं। अब तक किसी ने उनकी टांग नहीं खींची। एक दिन दो टांग खींच कला साधक मिले तो गड़बड़ जी की चर्चा आ गयी बोले क्यों यार, ये गड़बड़ तो साला बिना किसी गड़बड़ी के बढ़ता ही जा रहा है। सुना है कि बहुत घमंडी भी हो गया है लगता है इसकी टांगें बहुत छोटी है। इन्हें खींचकर लम्बा करना पड़ेगा दोनों ने आपस में कुछ तय किया और अगले दिन पहुँच गये गड़बड़ जी के पास। चरण छूकर उनकी प्रशंसा के जो पुल बाँधना शुरू किया तो गड़बड़ जी को वह दूसरा छोर दिखना बन्द गहो गया जहाँ जाकर पुल पूरा होगा। बोले, 'गड़बड़ जी अब इस उम्र में आपको मंचों पर रचना पाठ करना शोभा नहीं देता। अब मंचों का स्तर भी बहुत गिर गया है। इससे आपकी प्रतिष्ठा पर आँच आती है। लोग समझते हैं कि आप पैसों की लालच में इस उमर में भी देश भर में भागते फिरते हैं। पैसे तो वेश्या भी कमा लेती है, पर नाम कमाना अलग बात है। आपका नाम है। आदमी को प्रतिष्ठा प्राप्त करने के लिये जितना संघर्ष करना पड़ता है उससे अधिक संघर्ष उसे बचाये रखने के लिये करना पड़ता है।' गड़बड़ जी ने धीरे-धीरे आयोजकों को मना करना शुरू कर दिया और बाद में आयोजकों ने उन्हें बुलाना। अब गड़बड़ जी चाहते हैं कि कोई उन्हें बुलाये, पर कोई रिस्क नहीं लेना चाहता।

एक बार राज्य सभा की दहलीज की तरफ कदम बढ़ा रहे एक कवि और पत्रकार ने आपस में एक दूसरी की टांग ऐसी जमकर खींची कि दोनों की टांगें बुरी तरह टूट गयीं। आजकल चारों तरफ जिधर देखो उधर लोग एक दूसरे की टांग खींचने में मशगूल हैं। सारे देश में इन दिनों यह कला उफान पर है। आप चाहे कितनी ही सुरक्षित राह से गुजर रहे हों, मगर वहाँ भी आपको टांग खींचने वाले गिरोह के कुछ सदस्य मिल ही जायेंगे। अगर हमें अपनी टांगें सलामत रखनी हैं तो सिर पर पाँव रखकर भागने की कला सीखनी होगी, शायद इससे हमारी टांगें खिंचने से बच जायें।

कैसे खुश रखें पत्नी को

शादी के बाद प्राय: हर पति की प्रमुख समस्या पत्नी को खुश रखने की होती है। कई बार तो उसे एक मात्र यही समस्या राष्ट्रीय समस्या लगती है। वह बेचारा दिन रात इसे हल करने को ही समर्पित रहता है। शादी के पहले की जिन्दगी पत्नी को पाने के लिये होती है और शादी के बाद की पत्नी को खुश रखने के लिए। कुंवारों की स्थिति तो और भी दयनीय होती है। वे बेचारे अपनी तमाम जिंदगी पत्नी प्राप्ति की उम्मीद में ही जाया कर देते हैं। कई बार लोग अपने बिगड़ैल लड़के को सुधारने के लिये उसकी शादी कर देते हैं और सचमुच कल तक का शेर पत्नी के आते ही बिल्ली बन जाता है। पुराने जमाने में संसार से विरक्त हो सत्य की खोज के लिये निकल पड़ने के आकांक्षी युवकों को ठीक रास्ते पर लाने के लिये उनकी शादी करने का रिवाज रहा है। और सचमुच लोग देखते कि सत्य की खोज में भटकने वाली आत्मा पत्नी को खुश करने के लिए भटक रही है।

पत्नी को खुश रखने की समस्या संसार की सबसे प्राचीन मानवीय समस्या है। लोग यानि कि पति, सदियों से इसके समाधान की खोज में लगे हैं, पर समस्या आज भी ज्यों की त्यों है। एक बार एक सफल व संतुष्ट से दिखने वाले पति से मैंने पूछा कि क्यों बंधु पत्नी को खुश रखने का उपाय क्या है? इस पर वे झुँझलाकर बोले कैसी बात करते हो मित्र? पत्नी पति से खुश रह सकती है, यह अवधारणा ही गलत है। पति लाख कोशिश करे, पर वह खुश नहीं रह सकती। खुश होने से जैसे उसका पत्नीत्व नष्ट हो जायेगा। वह असंतुष्ट रहने के नये-नये कारण निरन्तर खोजती रहती है। जिस पत्नी को उसका पति भौतिक सुविधाएँ उपलब्ध नहीं करा पाता उसकी पत्नी पति के इस निकम्मेपन को लेकर असंतुष्ट रहती है। जिस पत्नी को सारी भौतिक सुविधाएं उपलब्ध हैं, वह इस बात को लेकर असंतुष्ट रहती है कि उसके पति उसे समय ही नहीं देते। अब बेचारा पति क्या करे? उसके लिए भौतिक सुविधाएं जुटाये या उसे समय दे। कई पत्नियों को मैंने यह उलाहना देते भी सुना है कि क्या करें हमारे ये तो हमें छोड़ते ही नहीं। दफ्तर के बाद पूरा समय घर पर ही डटे रहते हैं। एक आदर्श पति की छवि वाले अपने एक मित्र से मैंने सवाल किया, 'क्यों मित्र पत्नी को खुश करने का क्या तरीका है?' उसने तड़ से उत्तर दिया 'तलाक'। बहुत टेढ़ा जबाब दिया बेवकूफ ने। 'तलाक'? मैं कुछ समझा नहीं मैंने

दुबाराा पूछा तो उसने कहा, ''हाँ मित्र तलाक''। हममें से बहुतों की पत्नियाँ सब तरह से खुश हैं, केवल अपने पतियों से नाख़ुश रहती हैं। वे उनसे अपना पिण्ड छुड़ाना चाहती हैं, यदि पति इन्हें तलाक दे दें तो वे बहुत खुश होंगी। मुझे लगा ये मूर्ख मेरे बारे में बात कर रहा है, इसलिये मैंने उससे ज्यादा बात करना ठीक नहीं समझा। हमारे यहाँ जो हमारी पोल खोले, उससे बात करने का रिवाज नहीं है। एक कुछ मनचले किस्म के पति से जब मैंने सवाल किया कि यार पत्नी को खुश कैसे रख सकते हैं ? तो उसने जबाव में उलटे मुझसे ही प्रश्न किया किसकी पत्नी को ? और मैंने उससे ज्यादा बात करना ठीक नहीं समझा।

मुझे लगा कि इस समस्या के उचित समाधान के लिये किसी निरन्तर पत्नी भक्त किस्म के पति से मिलना चाहिए। तो साहब मैं इस लोकहित या कहिये पतिहित के काम से ऐसे व्यक्ति की तलाश करने लगा और आप सब पतियों के सौभाग्य से वे मुझे जल्दी ही मिल भी गये। (मिलते क्यों न ? आजकल पतिभक्त पत्नियाँ भले ही ढूँढ़े न मिलें, पर पत्नीभक्त पति तो हर तीसरा पति होता है।) उन्होंने पत्नी को खुश रखने के जो उपाय बताये वे सर्वपतिहित में यहाँ दे रहा हूँ।

उपाय एक : यदि आपकी पत्नी बेड टी लेने की शौकीन हैं और आपके यहाँ नौकर नहीं है तो ब्रह्ममुहूर्त में आपको यह सत्कर्म करना चाहिए। यों भी पत्नी के लिये पति से अच्छा कोई नौकर नहीं होता। इससे फायदा यह होगा कि आपकी पत्नी का मूड दिन भर आपके प्रति नॉर्मल रहेगा और आप बात-बात पर उनकी खट्टी-मीठी झिड़कियाँ सुनने से बचे रहेंगे।

उपाय दो : यदि आपकी पत्नी तेज है तो आप अपना तेज (यदि कुछ बचा रह गया हो तो) उसनें समाहित कर दें और पूरी तरह से निस्तेज हो जायें। आपने देखा होगा कि तेज तर्रार पतियों की अपेक्षा ढुलमुल किस्म के पति कहीं अधिक आदर्श माने जाते हैं। इससे एक बड़ा लाभ यह होगा कि आप पत्नी से अनावश्यक टकराव की स्थिति से बचे रहेंगे, क्योंकि फिर जो कुछ कहना करना होगा वह पत्नी ही कहेगी-करेगी, आपको बस आत्मसमर्पण या कान पकड़ने की मुद्रा अपनानी है।

उपाय तीन : आप जो कुछ कमायें उसे चुपचाप नेकी कर दरिया में डालने के भाव से अपनी पत्नी को सौंप दें। फिर उनसे रोज पान, बीड़ी, सिगरेट जैसे छोटी-छोटी जरूरतों के लिये बच्चों की तरह पैसे मांगें और उनकी डाट सहर्ष खायें। इससे आफकी पत्नी यह सोचकर खुश रहेगी कि देखो मेरा पति कितना बुद्धू है, कमाता खुद है और रुपया-आठ आना तक के लिये मेरे सामने गिड़गिड़ाता है। (वैसे एक सर्वेक्षण के अनुसार 70.35 प्रतिशत पति ऐसा करते पाये गये हैं। शेष 29.65 पति भी इसे अपनाकर राषट्र की मुख्यधारा में शामिल हो सकते हैं।)

उपाय चार : यह उपाय बहुत आसान है। आपकी पत्नी चाहे देखने में शूर्पणखा ही

क्यों न लगती हो, आप उसे विश्व सुन्दरी बतायें और उसका बनाया हुआ खाना, चाहे कितना ही बेस्वाद हो, उसे पाकशास्त्र की विशिष्ट उपलब्धि कहते हुए पानी पी–पीकर गले से उतारें। मैं समझता हूँ कि प्राय: हर अनुभवी पति इस तरह की चापलूसी में माहिर होता है, पर नये पति इस कारगर उपाय को अपनाकर अपनी पत्नी को खुश रखने में सफल हो सकते हैं।

उपाय पाँच : पाँचवाँ और अन्तिम उपाय उन्होंने यह बताया कि चाहे पत्नी के मायके वाले आपको दुश्मन नजर आते हों, पत्नी को खुश रखने के लिये आप उनसे अपनी तरफ के संबंधियों से अधिक अपनापन दिखायें। इसमें तनिक भी चूक हुई कि वर्षों की साधना से खुश आपकी पत्नी आपसे नाराज हो जायेगी।

पतिगण इन सज्जन द्वारा सुझाये गये उपायों को अपनाकर अपनी पत्नियों को खुश रख सकते हैं, भले ही ऐसा करके वे स्वयं दु:खी हो जायें। जिन पत्नीभक्त पति ने ये नायाब उपाय बताये हैं उनका नाम जानने की उत्सुकता पतियों और पत्नियों को हो रही होगी, पर मैं उनका नाम इस डर से नहीं बता रहा हूँ कि बहुतों की पत्नियाँ उन्हें चाहने लगेंगी और पतिगण किसी गलत इरादे से उनकी तलाश कर सकते हैं।

नहाने वाले और न नहाने वाले

संसार में रहने वाले लोगों को दार्शनिकों व विचारकों ने अपने–अपने ढंग से अलग–अलग खेमों में बाँटा है। किसी ने अमीर और गरीब के रूप में, किसी ने आस्तिक–नास्तिक के रूप में तो किसी ने किसी दूसरे रूप में। इन दार्शनिकों व विचारकों ने लोगों के वर्गीकरण के जो सिद्धान्त और आधार बनाये, उनसे मैं सहमत नहीं होता हूँ मुझे पता है कि बुद्धिजीवी कभी किसी से सहमत नहीं होता। असहमति बुद्धिजीवी का स्थायी भाव है। वह जमाने से लेकर अपने आप तक सबसे असहमत होता है। इसलिए आप यह न समझें कि अहसमत होकर मैं बुद्धिजीवी होने का प्रयास कर रहा हूँ। बुद्धिजीवियों की जो हालत आज है, उसे देखते हुए भला कौन समझदार आदमी बुद्धिजीवी बनना या कहलाना पसंद करेगा? हां तो बात लोगों के वर्गीकरण की चल रही थी और बुद्धिजीवियों पर जाकर अटक गई। इस देश की हर बात बुद्धिजीवियों के पास जाकर अटक जाया करती है। किसी मुद्दे को लम्बे समय तक लटकाये रखना हो तो लोग उसे बुद्धिजीवियों को सौंप देते हैं और वे उसे तब तक लटकाये रहते हैं जब तक कि लोगों को ध्यान उस मुद्दे से हट नहीं जाता है। बाद में मुद्दा तो जहाँ का तहाँ रहता है, बुद्धिजीवी उससे अपने को हटा लेते हैं। मूल विषय से हटकर इधर–उधर की चर्चा करना और थोड़ा–बहुत मूल विषय को छूकर फिर जान–बूझकर भटक जाना यह आजकल रचनात्मक कौशल माना जाता है। यहाँ इसी रचनात्मक कौशल का प्रयोग किया गया है। जिन्हें लोगों यानि कि आदमियों की चर्चा के बीच बुद्धिजीवियों का आना अच्छा न लगा हो वे कृपया माफ करें। मैंने कई लोगों को कहते सुना है कि मैं अमुक के पास गया था, मैंने तो सुना था कि बड़े अच्छे आदमी है मगर वह तो बुद्धिजीवी निकले। बहरहाल अपन बुद्धिजीवी की तरह नहीं बल्कि बुद्धू की तरह लौटकर अपने विषय पर आते हैं।

मेरी नजर में दुनिया में दो तरह के लोग होते हैं–एक नहाने वाले, दूसरे न नहाने वाले। इन दोनों वर्गों के लोगों का चरित्र, मान्यताएँ और आचार–विचार एक दूसरे से बिल्कुल भिन्न होते हैं। इन लोगों में एक दूसरे के प्रति बेहद नफरत का भाव होता है। नहाने वाले लोग नियम से रोज नहाते हैं। न नहाना इनके शब्दकोश में नहीं होता। जीवन में कैसी भी विकट परिस्थिति आये मगर वे नहाना न छोड़ेंगे। नहाना इनके जीवन का

चरम व परम लक्ष्य होता है। ये जीवन भर नहाते रहते हैं। इनका नहाना इनका शरीर छोड़ने के बाद ही बंद होता है। इन्हें अपने नहाने को लेकर बड़ा गर्व होता है। कई लोगों के पास तो इसके अलावा कि वे रोज नहाते हैं, कोई गर्व करने लायक चीज होती भी नहीं है। वे अपनी तमाम कमजोरियों को नहाकर छुपा लेते हैं। नित्य स्नान का हमारी संस्कृति में खासा महत्व है। नहाने वालों को समाज में बड़े आदर की दृष्टि से देखा जाता है। ब्रह्ममुहूत अर्थात सूर्योदय के पूर्व स्नान की बड़ी महिमा बताई गयी है। कई हैं जो जीवन भर सूर्योदय पूर्व स्नान कर अपने जीवन को धन्य बनाते हैं। इनकी स्नान निष्ठा देखकर आश्चर्य होता है। कड़ाके की ठंड में जब शरीर को रजाई से बाहर निकालना आत्म बलिदान की तैयारी जैसा प्रतीत होता है, तब ऐसे में भी इन्हें देख अच्छों-अच्छों के दिल दहल जाते हैं। इनके लिये नहाना जीवन से ज्यादा कीमती है। इनके अनुसार स्नान ही जीवन हैं। यदि स्नान और जीवन में से किसी एक को चुनना हो तो ये स्नान को चुनेंगे। मरणोपरान्त इनका पुनर्जन्म निश्चित ही मछली के रूप में होता होगा। ऐसे स्नानवादी लोग सचमुच महान हैं। समाज को इनके लिए स्नान श्री व स्नानवीर जैसी मानद उपाधियों की परम्परा शुरू करनी चाहिए।

कुछ लोग नहाते तो रोज हैं, पर उनके नहाने का कोई निश्चित समय नहीं होता। सुबह सोकर उठने से लेकर रात को सोने से पहले तक वे कभी भी नहा सकते हैं। दरअसल ये लोग कोशिश भर नहाने को टालते रहते हैं। और जब कोई सूरत नहीं बचती तो बेमन से नहा डालते हैं। कुछ लोग इस मामले में इतने अलाल होते हैं कि इन्हें नहलवाने के लिये घर के सदस्यों को काफी घेराबन्दी करनी पड़ती है। कुछ लोग बाथरूम में पानी रख देंगे, कुछ चड्डी बनियान, तौलिया लाकर दे देंगे और कुछ ठंडे पानी के छींटे डालकर उन्हें बाथरूम के भीतर जाने को मजबूर कर देंगे। अंदर जाकर भी ये झटपट नहाने की बजाय पहली बाल्टी में एकाध उंगली डालकर पानी का तापमान लेंगे फिर कुछ देर तक पाँव गीले कर उन्हें साफ करने के बहाने बैठे रहेंगे। फिर बनियान धोकर उसे सुखाने के लिये बाहर आकर छत पर निकल जायेंगे और कुछ देर वहीं छुपे रहेंगे। जब काफी देर बाद भी ये नहाकर नहीं आयेंगे तो घर के लोग इनकी खोज खबर लेने इन्हें आवाज लगायेंगे, तब ये बचने का कोई रास्ता न देख यह सोचकर फिर से बाथरम में जायेंगे चलो जो होगा सो देखा जायेगा और अन्त में किसी चालीसा या फिल्मी गाने के सहारे बाल्टी का कुछ पानी अपने शरीर से छुआकर नीचे गिरा देंगे और दौड़कर काँपते, ठिठुरते से बाहर आ जायेंगे और सोचेंगे कि चलो आज की बला तो टली कल की कल देखी जायेगी।

कुछ लोग पूरे इत्मीनान से शरीर को खूब रगड़-रगड़कर नहाते हैं, वे कपड़े भले ही गंदे चिकटे पहने रहें, मगर शरीर को गंदा नहीं रखते। इनके लिये नहाना ताजगी का एक साधन है। आमतौर पर पुरुषों का रवैया नहाने के मामले में कुछ ढुलमुल रहता है, मगर महिलाओं का नजरिया इस मामले में एकदम स्पष्ट होता है। वे बिला नागा नहाती हैं।

इधर पाश्चात्य सभ्यता के प्रभाव से नहाने के प्रति उनके उत्साह में कुछ कमी अवश्य आई है, मगर बावजूद इसके वे रोज नहाती है। मैं एक ऐसी महिला को जानता हूँ जो हर मौसम में सुबह ठीक सात बजे नहा लेती है। उन्होंने नहाने का यह व्रत पातिव्रत्य की तरह धारण किया हुआ है। ठंड के दिनों में तो मुझे उन्हें देखकर ही ठंड लगने लगती है। एक बार वे बीमार हुई तो डॉक्टर ने उन्हें कुछ दिन न नहाने की सलाह दी, मगर उन्होंने नहा लिया, घर वालों ने बहुत समझाया मगर वे बोलीं, ''आखिर एक न एक दिन मरना तो सभी को है, मैं बिना नहाये मरने का कलंक नहीं लेना चाहती।'' ऐसे त्यागी, वीतरागी लोगों की दम पर ही हमारी स्नान संस्कृति फल-फूल रही है।

न हाने वालों का रुख नहाने के प्रति सदा से उपेक्षापूर्ण रहा है। वे नहाने को कतई जरूरी नहीं मानते। ये स्नान परम्परा को एक जानलेवा परम्परा के रूप में देखते हैं। वे नहाने वालों को अच्छी निगाह से नहीं देखते। इनका कहना है कि रोज-रोज नहाकर शरीर को कष्ट देना एक तरह की हिंसा ही है। ये मानते हैं कि आत्मा शुद्ध होना चाहिये, शरीर की शुद्धि पर ये उतना जोर नहीं देते। ये स्नान के साप्ताहिक, पाक्षिक या मासिक आयोजन में भरोसा रखते हैं। रोज नहाने वालों को ये पेयजल संकट के लिये दोषी मानते हैं। ये क्या बात हुई कि एक तरफ तो लोगो को पीनी के लिए पानी मुहैया नहीं हो रहा है, और आप हैं कि भर-भर बाल्टी नहाकर पानी को बर्बाद कर रहे हैं। ये नित्य स्नान पर प्रतिबंध लगाये जाने के पक्षधर हैं। सर्दियों के मौसम में तो ये पानी का इस्तेमाल केवल पेय पदार्थ के रूप में ही करते हैं। कड़ाके की ठंड के दिनों में नहाने को ये आत्महत्या का प्रयास जैसा मानते हैं। इस मौसम में शरीर में खुजली होने के भय से डेढ़-दो महीने में एकाध बार आधी बाल्टी गरम पानी से धूप में नहा लेते हैं। यह नहीं कि नहाने की तैयारी में तीन-चार लोटा चाय पीकर दो लोटे से नहा लिया, अरे नहाना ही है तो कम से कम आधा बाल्टी से तो नहाओ। कंजूस कहीं के। मेरे एक साले देवोत्थानी एकादशी से बाकायदा नहाना बन्द कर देते हैं और यदि मौसम में गरमी आ गयी तो होली के बाद शुरू कर देते हैं। बीच में मकर संक्रान्ति के दिन जरूर लोक लाज के भय से ये दोपहर में पानी के कुछ छींटें डालकर गीले तौलिये से शरीर पोंछ लेते हैं। एक बार मैं उनके साथ गर्मियों में एक बारात में गया, वहाँ नहाने का प्रोग्राम बना तो मैंने गरमी व पसीने की बदबू का हवाला देकर जैसे तैसे उन्हें नहाने के लिये तैयार किया, मगर पहले आप, पहले आप के चक्कर में जब तक उनकी बारी आयी तो नल से पानी आना बन्द हो गया और वे नहाने से बच गये। मैं स्वयं न नहाने वालों की बिरादरी का सम्माननीय सदस्य हूँ। मैंने ठंड के दिनों में जीवन में आज तक सुबह नहाने का जोखिम नहीं उठाया। दोपहर में भी कई-कई रोज नहीं नहाता। हफ्ते दो हफ्ते में जब पत्नी व बच्चों का दबाव बहुत बढ़ जाता है, तो मजबूरी में केवल उतने पानी से नहा लेता हूँ कि जहाँ खड़े होकर नहाता हूँ वहाँ का फर्श गीला नहीं होता। ठंड के दिनों में जब मौसम खराब होता है तब

तो मेरे मजे पड़ जाते हैं। आकाश में बादल का एकाध टुकड़ा देखकर ही मैं नहाना कैंसिल कर देता हूँ। कभी नहाना ही पड़े तो कपड़े उतारकर वे घरेलू मुद्दे उठाना शुरू कर देता हूँ जिन्हें सुनकर पत्नी गुस्से से बड़बड़ाने लगती है और मैं चुपचाप फिर से कपड़े पहकर बाहर चला जाता हूँ। कभी-कभी जब ठंड के दिनों में घर पर कोई मेहमान आ जाता है तो परिवार की प्रतिष्ठा की खातिर पत्नी मुझे नहाने को कहती है, तब मैं बाथरूम में जाकर एक खाली बाल्टी औंधीकर उस पर खड़े होकर नीचे पानी गिराने लगता हूँ और जोर-जोर से संस्कृत का कोई श्लोक पढ़ने लगता हूँ। फिर कपड़े बदलकर बाहर आ जाता हूँ। सोचता हूँ कि अपने देश में न जाने कितने लोगों को अपनी इज्जत बचाने के लिये नहाना पड़ता है। अपने यहाँ नहाने वालों का बड़ा महत्त्व है। जीवन में वे ही सफल होते हैं, जो किसी न किसी के घाट पर नहाते रहते हैं। जो किसी के घाट नहीं नहाता वह किसी घाट का नहीं रहता।

कुछ लोग नहाते कम हैं नहाने का प्रचार ज्यादा करते हैं। समाज में उनकी स्नानवादी की छवि बन जाती है। इसके विपरीत कुछ लोग ऐसे भी होते हैं, जो नहाते तो खूब हैं, मगर इसकी चर्चा नहीं करते। ऐसे लोग जीवन भर नहाकर भी अपनी छवि उजली नहीं कर पाते। कुछ लोग जानबूझकर घर में अच्छे खासे बाथरूम के होते हुए भी, नदी, तालाब जैसे सार्वजनिक स्थान पर नहाते हैं, ताकि लोग उन्हें नहाते हुए देख सकें और उन्हें नित्य स्नानवादी समझ सकें।

समर्थ लोग तो अपने बाथरूम के फब्बारे के नीचे नहाकर ही गंगा स्नान के हकदार बन जाते हैं और आम आदमी गंगा स्नान भी करले तो लोग उसे 'फिसल पड़े की हर गंगा' कहकर उसका मजाक बना लेते हैं। कुल मिलाकर नहाने की बड़ी महिमा है। इसके बारे में जो कहा जाये वह थोड़ा है जो न कहा जाये वह बहुत है। नहाने की महिमा और गरिमा तो वैसे नहाकर ही समझी जा सकती है, मगर कभी-कभार नहीं रोज रोज। बहरहाल मुझे तो नहाने की चर्चा से ही ठंड लगने लगती है, इसलिए इस चर्चा को यहीं रोककर आपसे विदा लेता हूँ। नमस्कार।

एक नेता से साक्षात्कार

(पिछले दिनों एक नेताजी हमारे शहर में एक आम सभा को संबोधित करने व सार्वजनिक संस्था का उद्घाटन करने के सिलसिले में आये थे। उस समय एक अखबार के संवाददाता ने उनसे संक्षिप्त साक्षात्कार लिया था जो उस अखबार में छपा था। पाठकों की सुविधा के लिए उसे यहाँ ज्यों का त्यों दिया जा रहा है–लेखक)

साक्षात्कार इस प्रकार है:–

प्र.: किसी राष्ट्रीय महत्व की समस्या के समाधान का सही उपाय क्या है?

उ.: उसे उसी स्थिति में इतने समय तक लटकाये रखना कि जनता का ध्यान उस सम्स्या से हट जाये।

प्र.: और कोई तरीका नहीं है?

उ.: हाँ है, दूसरी उससे भी बड़ी समस्या पैदा कर दी जाये। इससे लोगों का ध्यान धीरे–धीरे पहली समस्या से हटाया जा सकता है।

प्र.: मँहगाई की बाढ़ को कैसे रोका जा सकता है?

उ.: बढ़ती हुई महँगाई को रोकने का मतलब है देश की प्रगति को अवरुद्ध करना और मैं तो नहीं चाहूँगा कि देश की प्रगति में कोई बाधा आये।

प्र.: आरक्षण के बारे में आपका क्या सोचना है?

उ.: आरक्षण बहुत अच्छा है। आरक्षण बहुत खराब है।

प्र.: क्या मतलब है?

उ.: मतलब ये कि जो आरक्षण के समर्थक हैं उनके लिए आरक्षण अच्छा है, जो आरक्षण के खिलाफ हैं, उनके लिये खराब हैं।

प्र.: पर आपका ख्याल क्या है?

उ.: जो लोगों का खयाल है, वही मेरा है। मैं जनता से अलग थोड़े ही हूँ।

प्र.: लेकिन आपका स्वयं का भी तो कोई ख्याल होना चाहिए?

उ.: ऐसे मामलों में मैं खुद के खयालात नहीं रखता, जनता के खयालों से ही काम चला लेता हूँ।

प्र.: लोग कहते हैं कि आप पर भ्रष्टाचार के कई आरोप हैं?

उ.: ये आरोप गलत हैं। यदि मेरे एक भी भ्रष्टाचार का आरोप सिद्ध हो जाये तो मैं राजनीति से सन्यास ले लूँगा।

प्र.: फिर क्या करेंगे?

उ.: सन्यास की राजनीति।

प्र.: आपकी विरोधी पार्टी के नेताओं का कहना है कि अमुक शहर में दंगे भड़काने में आपका हाथ है।

उ.: बिल्कुल गलत है। उस समय मैं एक हाथ से सुरा धामे था और दूसरे हाथ से सुंदरी। फिर मेरा हाथ कैसे हो सकता है?

प्र.: आपके बारे में कहा जाता है कि आप संसद में हमेशा सोते रहते हैं?

उ.: झूठ एकदम झूठ। मैं सोया नही ंरहता बल्कि आँखें बन्द किये देश की चिंता में डूबा रहता हूँ।

प्र.: पर देश के बारे में कुछ बोलते तो नहीं?

उ.: देश के बारे में बोलकर मैं अपनी देशभक्ति का प्रदर्शन नहीं करना चाहता। मेरे विचार से देशभक्ति हृदय में रखने की चीज है। जबान पर लाने की नहीं। फिर अगर सदन में सब लोग बोलने लगेंगे तो आखिर देश के लिये चिंता कौन करेगा। देश के लिये चिंता भी तो एक जरूरी चीज है कि नहीं?

प्र.: कहा जाता है कि आपके क्षेत्र के माफिया सरगना को आपका खुला संरक्षण है, क्या यह सच है?

उ.: बिल्कुल गलत। उसे मेरा नहीं बल्कि मुझे उसका संरक्षण प्राप्त है।

प्र.: आप पर अवैध रूप से करोड़ों की सम्पत्ति जमा करने का आरोप है इस संबंध में आपका क्या कहना है?

उ.: यह सच है कि मैंने सम्पत्ति जमा की है, पर वह अवैध रूप से जमा नहीं की है अपने देश में राजनेताओं को जिन तरीकों से सम्पत्ति अर्जित करने का अधिकार मिला हुआ है मैंने भी उन्हीं तरीकों का प्रयोग किया है।

प्र.: आपका नाम दो बड़े घोटालों में आया है?

उ.: आया है मगर जल्दी ही चला भी जाएगा।

प्र.: वो कैसे?

उ.: वो ऐसे कि मैंने कह रखा है कि अगर कोई मुझे कुछ हुआ तो मैं इन घोटालों में लिप्त सभी बड़े नेताओं और मंत्रियों के नाम उजागर कर दूँगा।

प्र.: आप पिछले बीस वर्षों से लगातार सांसद रहे हैं, पर आपने क्षेत्र के विकास के लिये कुछ नहीं किया, इसकी वजह?

उ.: इसकी वजह ये है कि मुझे पता है कि जिन सांसदों ने अपने क्षेत्र में

विकास कार्य कराये वे अगला चुनाव नहीं जीत सके। क्षेत्र का विकास होने से जनता जागरूक हो जाती है और जागरूक जनता हम जैसों को अपना सांसद कभी नहीं चुनेगी। यह समझते हुए भी भला बताइये कोई अपने क्षेत्र का विकास क्यों करना चाहेगा ?

प्र.: आपकी नजर में गांधी और अम्बेडकर मैं से कौन ज्यादा महान हैं ?

उ.: अपने को दोनों से ही कोई लेना देना नहीं। अपने लिये दोनों महान हैं। गांधी से प्रभावित मतदाताओं में गये तो गांधी को महान बता दिया, अम्बेडकरवादियों के क्षेत्र में गये तो अम्बेडकर को महान बता दिया। अपने लिये तो जो वोट दिलाये वो महान्।

प्र.: आप चुनाव के समय देश से गरीबी और बेकारी मिटाने की बात करते हैं, पर आपके खुद के निर्वाचन क्षेत्र में गरीबी व बेकारी का प्रतिशत सर्वाधिक है ?

उ.: आप तो जानते हैं मैं अब तक सारे चुनाव इसी मुद्दे को लेकर जीता हूँ। अगर गरीबी व बेकारी मिट गयी तो फिर कोई नया नारा खोजना पड़ेगा ? और फिर इस बात की क्या गारंटी है कि नया नारा लोगों को प्रभावित कर ही लेगा, इसलिए किसी किस्म की रिस्क मैंने नहीं ली।

प्र.: आप हर चुनाव नये दल से लड़ते हैं, ऐसा आप अपने निजी स्वार्थ के लिये करते हैं या इसमें भी कोई हित छिपा रहता है ?

उ.: इसमें स्वार्थ नहीं मेरा प्रगतिशील दृष्टिकोण छिपा हुआ है। मैं समय और जनता के साथ चलने वाला आदमी हूँ। जब जिस दल के साथ जनता होती है मैं भी उसी दल में होता हूँ। मैं कोई भारतीय पत्नी थोड़े ही हूँ कि एक बार जिस मर्द का पल्ला पति के रूप में पकड़ा तो आखिर तक पकड़े रहो। इस मामले में मैं पश्चिम से प्रभावित हूँ।

प्र.: आप जब भी दल बदलते हैं यह कहकर बदलते हैं कि यह मेरी अन्तरात्मा की आवाज है। आपकी आत्मा चुनाव के समय ही क्यों आवाज लगाती है।

उ.: देखिये भारतीय दर्शन के अनुसार आत्मा परमात्मा का ही एक अंश है, मैं हर समय परमात्मा के इस अंश को जगाये रखकर उसे कष्ट नहीं देना चाहता, इसलिए चुनाव के समय जनहित में उसे जगा लेता हूँ और फिर वह जो कहती है करता हूँ।

प्र.: चलते-चलते एक आखिरी सवाल। आप राजनीति से रिटायर कब होंगे ?

उ.: मरने के बाद।

इति शिक्षक दिवस

शिक्षक दिवस शिक्षकों को श्रद्धांजलि अर्पित करने का दिन होता है। इस दिन देश के नेता, मंत्री, अफसर, शिक्षकों द्वारा आयोजित समारोहों में उनके प्रति कुछ इस तरह से अपनी श्रद्धा प्रकट करते हैं, जैसे किसी मृतात्मा की शांति के लिये प्रार्थना कर रहे हों।

शिक्षक दिवस पर शिक्षक बड़े हर्षोल्लास के साथ अपने अधिकारियों के निर्देशन में अपने सम्मान के लिये समारोहों का आयोजन करते हैं, अपने पहनने के लिए खुद फूल मालायें बनाते हैं, खुद के लिये अभिनन्दन पत्र तैयार करते हैं और अपने कल्याण के लिये पैसा इकट्ठा करते हैं।

सालभर टूटी कुर्सियों और टाट-फट्टियों पर बैठने वाले शिक्षक इस दिन अपने श्रद्धांजलि दाताओं के लिये फर्श, कालीन बिछाकर मंच तैयार करते हैं। समारोह में मुख्य अतिथि जब ऊँचे आसन पर बैठकर अपने सामने नीचे बैठे शिक्षकों के प्रति सम्मान व्यक्त करते हैं, तब ऐसा लगता है जैसे वे किसी की समाधि पर फूल चढ़ा रहे हों। जब कभी कहीं आपको श्रद्धास्पद नीचे और श्रद्धालु ऊपर बैठा मिले तब समझ लीजिये कि यह शिक्षक दिवस समारोह हो रहा है।

इस दिन अपने भाषणों में शिक्षकों का महिमागायन करने वाले लोग शिक्षकों को अपनी बराबरी में बैठाने में अपना अपमान महसूस करते हैं। साल भर भूखे पेट, फटी कमीज और टूटी साईकिल के सहारे जीर्ण-शीर्ण शाला भवनों में राष्ट्र निर्माण करने वाले शिक्षकों के प्रति इस दिन शाब्दिक श्रद्धा प्रकट करने वाले प्रायः वे लोग होते हैं जो सालभर उन्हें अपने राजनैतिक, आर्थिक और प्रशासनिक प्रभाव से उत्पीड़ित कर अपने सामने अनुनय विनय की मुद्रा में खड़ा रखकर अपना अस्तित्व जताते हैं। ऐसे लोग वर्ष के 365 दिनों में से एक दिन शिक्षकों के प्रति श्रद्धा प्रकट कर शेष 364 दिन उन्हें अपने प्रति श्रद्धालु बनाये रखते हैं।

इस दिन शिक्षकों के प्रशस्ति गायन में तन-मन से प्रवृत्त दिखने वाले लोग अगले ही दिन आपको उनसे कोई गैर शिक्षकीय कार्य कराते, उन पर अपना रौब गालिक करते और उन्हें किसी निम्न तबके के लोगो के लिये प्रयुक्त संबोधनों से पुकारते हुए मिल जायेंगे।

कुछ समय से इस दिन सेवा निवृत्त शिक्षकों का सम्मान करने की प्रथा भी चल निकली है। सेवा निवृत्ति के बाद शिक्षकों का सम्मान करना उनका पिंडदान करने जैसा ही है। जैसे माता-पिता के पिंडदान करने के बाद पुत्र उनसे उऋण हो जाता है, वैसे ही सेवा निवृत्ति के बाद माथे पर रोरी, थके हुए कंधों पर भागलपुरी चादर (जिसे इस दिन शॉल कहा जाता है) और हाथ में कर्म में निष्काम भाव से प्रवृत्त रहने की शिक्षा देने वाली गीता की किताब सौंपकर हम उन शिक्षकों के प्रति अपने कर्तव्य की इति श्री कर लेते हैं। अपना पूरा सेवाकाल बात-बेबात अपमानित, प्रताड़ित होकर व्यतीत करने वाले शिक्षक इस सम्मान को पाकर अपनी शिक्षक यौनि से मुक्ति पा जाते हैं।

मौके-बेमौके शिक्षकों को कोसते रहने वाले लोग जब इस दिन लोगों के समक्ष गुरुओं के प्रति आदर भाव व्यक्त करते हुए उन्हें तरह-तरह के सम्माननीय विशेषणों से विभूषित करते हैं,तब ऐसा लगता है जैसे कोई घोर नास्तिक व्यक्ति मूर्ति पूजा कर रहा हो।

शिक्षकों के प्रति झूठी श्रद्धा दिखाने वालो ! तुमसे एक प्रार्थना है। शिक्षकों को तुम्हारे सम्मान की भीख नहीं चाहिए। सम्मान तो अपने कर्त्तव्य, अपनी निष्ठा, अपनी सच्चरित्रता से वे खुद पा लेंगे, उन्हें केवल तुमसे अपमानित होने का डर है। भगवान के लिये उनका वह डर दूर कर दो।

सफल लेखक होने के उपाय

लेखक चाहे हिन्दी का हो या अन्य किसी भाषा का, उसका एक ही लक्ष्य होगा और वह होगा एक सफल लेखक होना हर लेखक अन्ततः एक सफल लेखक होना चाहता है, इसके लिये वह निरन्तर प्रयासरत रहता है। लेकिन हम देखते हैं कि हर लेखक सफल नहीं हो पाता। यह भी होता है कि ज्यादा व अच्छा लिखने वाले लेखक को वह महत्व व स्थान नहीं मिलता, जो उसे मिलना चाहिए। जबकि कम व घटिया लिखने वाले लेखक सम्मानित व पुरस्कृत हो जाते हैं। एक अच्छे लेखक की रचना जिस पत्रिका से लौट आती है, उसी में एक घटिया लेखक की रचना स्थान पा जाती है। किसी विषय विशेष पर किसी लेखक की रचना अच्छी होते हुए भी लौटा दी जाती है और कमजोर रचना छाप दी जाती है। किसी लेखक की रचना सीधे-सादे ढंग से छपती है तो किसी की सम्पादकीय टिप्पणी व छायाचित्र के साथ, ज्यादा लिखने वाले लेखक कम छपते हैं और कम लिखने वाले ज्यादा छपते हैं। किसी को किसी पत्रिका से एक रचना के सौ रुपये मिलते हैं तो किसी को उसी पुत्रका में वैसी ही रचना के तीन सौ। किसी को प्रकाशक घास नहीं डालते तो किसी के आगे-पीछे चक्कर काटते हैं। किसी-किसी को जीवन भर लिखने के बाद एक भी पुरस्कार नहीं मिलता, तो कसी को एक ही पुस्तक पर कई पुरस्कार मिल जाते हैं। किसी को अध्यक्षता के लिये कोई नहीं पूछता तो किसी को अध्यक्षता करने से फुर्सत नहीं मिलती। ऐसा क्यों होता है ? केवल इसलिए कि हर लेखक यह नहीं जानता कि सफल लेखक कैसे बना जाता है। जो लोग वर्षों की कलम घसीटी के वावजूद अब तक अपनी पहचान नहीं बना पाये हैं वे निराश न हों उनके लिये यहाँ कुछ साहित्यिक नुस्खे दिये जा रहे हैं, इन्हें आजमाकर वे सफल लेखकों की श्रेणी में आ सकते हैं।

सफल लेखक होने के लिये पहली और न्यूनतम योग्यता लिखना है, इसलिए आप लिखिये, किसी भी विधा में कुछ भी लिखिये, जब लिखेंगे तो लेखक तो कहलाने ही लगेंगे। आप क्या और कैसे लिखते हैं यह महत्वपूर्ण नहीं है। आप घटिया लिखककर भी बढ़िया लेखक कहला सकते हैं। अपने कचरा लेखन को भी कैसे श्रेष्ठ लेखन सिद्ध किया जा सकता है, इसके लिये नुस्खा नं. 9 देखें।

लेखक होने या कहलाने के लिये लेखन के अलावा जो सबसे जरूरी चीज है, वह

है लेखक जैसा दिखना। आप अपने लेखन से भले ही ही लेखक न लगते हों, मगर आपको अपनी वेशभूषा व चालढाल से लेखक लगना चाहिए। इसके लिए आपको चाहिए कि आप किसी मोटे कपड़े का ढीलाढाला कुर्ता-पायजामा सिलवायें, जूते की जगह चप्पल पहनें, मोटे लैंस वाला चश्मा लगायें, बालों में तेल डालना व कंघी करना छोड़ दें, कंधे पर सदैव एक खादी का थैला लटकायें रखें, जिसमें नई पुरानी पत्र-पत्रिकाओं के कुछ अंक पड़े हों, अगर आप जनवादी लेखक कहलाना पसंद करते हो तो धूम्रपान में बीड़ी का प्रयोग करें, प्रगतिशील दिखना चाहते हों तो कुर्ता पेंट के ऊपर पहनें तथा बीड़ी की जगह फिल्टर सिगरेट का इस्तेमाल करें।

लिखने के बाद लेखक के लिये छपना बहुत जरूरी है, तभी लोग आपको लेखक मानेंगे। इसके लिये आपको संपादकों से मुधुर संबंध बनाने होंगे। आप संपादकों की प्रशंसा में लम्बे-लम्बे पत्र लिखिये जितने विशेषण आपको आते हों, सबसे उन्हें विभूषित कर डालिये, उन्हें बताइये कि आप जैसा संपादक न हुआ है, न है और न ही होगा। उनकी कृपा पाने के लिये वह सबकुछ करने को तैयार रहिये जो संभव हो। बस इधर संपादक प्रसन्न, उधर आपके लेख छपना शुरू फिर तो आप खूब छपिये। एक ही लेख को कई बार छपवा डालिये। रचनाओं के परिश्रमिक को खूब बढ़ा-चढ़ाकर बताइये ताकि लोग आपको महँगा लेखक मानने लगें।

अगला काम आपको ये करना है कि जब किसी पत्र-पत्रिकाओं में आपकी कोई रचना छपे तो उसकी तारीफ में तुरन्त अपने मित्रों व शुभचितन्तकों से पत्र डलवायें। यदि वे आनाकानी करें तो विभिन्न नामों से स्वयं डाल दीजिए। एकाध पत्र में एक-दो पंक्ति में रचना की आलोचना भी कर दीजिये, ''काम करो थोड़ा मगर लम्बा करो प्रचार'' इस वाक्य को अपना आदर्श वाक्य बनाइये।

कुछ वर्ष लिखते हो जायें तो मित्रों से उधार लेकर या पत्नी के गहने (यदि हों तो) गिरबी रखकर एकाध पुस्तक छपवाने की जुगाड़ बैठाइये। पुस्तक छपने पर उसकी अच्छी सी पाँच-छैः समीक्षाएँ स्वयं ही लिख लीजिये और बाद में समीक्षकों के हस्ताक्षर कराकर उनके नाम से प्रकाशनार्थ भेज दीजिये। इसके लिए आपको समीक्षकों के श्री चरणों में पुस्तक की कुछ प्रतियाँ भेंट करनी होंगी। उन्हें बताना होगा कि उनके आने के पहले हिन्दी समीक्षा दिशाहीन थी, उन्होंने उसे एक नई दिशा दी है। यह कि रामचन्द्र शुक्ल के बाद वे ही सबसे बड़े समीक्षक हैं। उनकी समीक्षा ने नये प्रतिमान गढ़े हैं, यदि पुस्तक को कोर्स में लगवाने का विचार हो तो उसे किसी विश्वविद्यालय के कुलपति या पाठ्यक्रम निर्धारण समिति के प्रमुख को समर्पित करना होगा। इस बीच यदि किसी अनुवादक से मित्रता या परिचय हो तो उसे संतुष्ट कर पुस्तक का अनुवाद करा लीजिये। यदि कम लिखकर ज्यादा चर्चित होने की इच्छा हो तो पुस्तक की किसी मामूली सी बात पर कुछ मित्रों से उल्टे सीधे बयान दिलाकर पुस्तक को प्रतिबंधित कराने की मांग करा दीजिये। हो सके तो कहीं पर पुस्तक की कुछ

प्रतियाँ जलवा दीजिये। जब ये बातें मीडिया द्वारा उछाली जायेंगी तो हफ्ते भर में आप देश के चर्चित लेखक बन जायेंगे।

इस बीच आप स्वयं ही अपने बारे में व पुस्तक के बारे में अपने मित्रों के नाम से लेख लिखिए और पुस्तक को (मील का पत्थर) साबित कर दीजिये। जब तक ये सब चले, तब तक आप पुस्तक की कुछ प्रतियाँ पुरस्कार देनेवाली संस्थाओं के अध्यक्षों व सचिवों को भेज दीजिये। संभव है कोई संस्था आपकी पुस्तक पर पुरस्कार दे दे, यदि ऐसा संभव न हो तो आप पुरस्कार राशि व पुरस्कार वितरण समारोह का खर्च किसी संस्था को देकर पुरस्कार पा सकते हैं। पुरस्कृत होने के बाद आपको स्थापित लेखक मान लिया जायेगा, फिर आप आगे बिना कुछ लिखे भी बाकायदा लेखक बने रह सकते हैं।

जब आपको लगे कि आप लेखन के मामले में चूक रहे हैं, तो किसी लेखक संगठन के अध्यक्ष बनकर साहित्य की राजनीति शुरू कर दीजिए। इससे आपके झंडे तले लिखने वाले तमाम लेखक आ जायेंगे और आप जगह-जगह आयोजित साहित्य समारोहों की अध्यक्षता करने लगेंगे। खबरों में बने रहने के लिये कभी-कभी कोई विवादास्पद बयान जरूर देते रहें। अपने संगठन के मच से दूसरे लेखकों व समीक्षकों का सम्मान व अभिनंदन इस समझौते के तहत कीजिये कि वक्त आने पर वे भी आपको सम्मानित करेंगे। जहाँ भी मौका लगे, बड़े लेखकों व नेताओं के साथ फोटो खिंचवा लीजिये। ये फोटो देखकर तमाम छोटे लेखक आपको बड़ा लेखक मानने लगेंगे।

यदि संभव हो तो कोई पत्रिका निकालकर उसके संपादक बन जायें। कुछ समय बाद आपके साथ युवा लेखकों की एक टीम होगी, इससे आप अपने शत्रु लेखकों पर जमकर प्रहार कराइये और अपने बारे में ऐसे संस्मरण व लेख लिखवाइये, जिनमें आपका व आपके साहित्य को महान सिद्ध किया गया हो। आप स्वयं भी संस्मरण लिखकर अपने समकालीनों पर कीचड़ उचालकर खुद की छवि उजली बना सकते हैं।

जब आप साठ वर्ष के हो जायें तो अपना भव्य षष्ठिपूर्ति समारोह मनायें और एक आकर्षक अभिनंदन ग्रंथ छपवायें। पत्रकारों को प्रसन्न करके षष्ठिपूर्ति समारोह का खूब प्रचार-प्रसार करवायें। अपनी जैसी पत्रिका के संपादकों से कहें कि वे आप पर केन्द्रित अंक निकालें।

प्यारे लेखक मित्रो! विश्वास मानिये यदि आपने ये नुस्खे आजमाए, तो निश्चित ही आप कुछ समय बाद हिंदी के सफलतम लेखों में से एक होंगे।

महँगाई की बेताल कथा

विक्रमादित्य ने बेताल को फिर पेड़ से उतारा और कंधे पर लटका कर चल पड़ा। रास्ते में उसने बेताल से कोई कथा सुनाने का आग्रह किया, इस पर बेतार ने फिर अपनी पुरानी शर्त दुहराई कि कथा के अन्त में तुमसे एक प्रश्न पूछूँगा, यदि तू जानते हुए भी उसका उत्तर नहीं देगा तो तेरा सिर फट जायेगा और यदि उत्तर देगा तो मैं फिर पेड़ पर जाकर लटक जाऊँगा।

विक्रमादित्य को सहमत देखकर बेताल ने कहा, हे राजा विक्रमादित्य! धरती के सबसे सुंदर देश भारत में, जिसे कभी सोने की चिड़िया कहा जाता था और जहाँ कभी घी-दूध की नदियाँ बहती थीं, 21वीं सदी की दिशा में बढ़ते हुए कई रोमांचकारी परिवर्तन हुए। बीसवीं सदी के डेढ़ दशक की लम्बी खाई को फांदकर 21वीं सदी में जाने की तत्कालीन शासन की उतावली से वहाँ काफी हलचल हुई। वहाँ का राजा किसी भी कीमत पर देश को 21वीं सदी में ले जाने का निश्चय कर चुका था।

राजा के साथ प्राय: पूरा देश, गरीबी और गरीबों को छोड़कर 21वीं सदी में पहुँचने के लिए बीच के समय की खाई को फाँदने के लिये तैयार होने लगा। महँगाई बेरोजगारी और भ्रष्टाचार सबसे पहले 21वीं सदी में पहुँच गये। भ्रष्टाचार ने रक्षा सौदों तक में घुसपैठ कर ली, बेरोजगारी ने आर्थिक अपराधों का दामन थामा और महँगाई ने लोगों को रुपयों के संचय की प्रवृति से छुटकारा दिला दिया।

बाजार में हर चीज के भाव बढ़ गये, पर जनता को इससे कोई परेशानी नहीं हुई, उल्टे उसने राहत महसूस की। लोग अपरिग्रह के भगवान महावीर स्वामी के संदेश को जीवन में उतारने लगे। रुपये-पैसे से लोगों को विरक्ति हो गयी। लोग अपनी कमाई का पूरा का पूरा हिस्सा बाजारों में दुकानदारों को दे आते और बदले में उनसे अपनी जरूरतों का थोड़ा-बहुत सामान ले आते। सब्जी दाल के भाव बढ़ने से लोगों में सात्विक भोजन के प्रति रुचि जाग्रत होने लगी। पहले विविध व्यंजन में जो आनन्द लोगों को आता था, वह अब सूखी नमक-रोटी में आने लगा। घी-तेल से तो जैसे लोगों को घृणा होने लगी। दलहन और ताजी हरी सब्जियों का प्रयोग मध्यम और निम्न वर्गीय परिवारों में निषिद्ध समझा जाने लगा। इससे गृहणियों को किसिम-किसिम के पकवान बनाने की किल्लत से छुटकारा मिल गया। खाना भी कम पकाना पड़ता और बर्तन भी कम धोने पड़ते।

जीवन के भूगोल में इस समय एक नयी रेखा की खोज हुई, जिसे गरीबी रेखा का नाम दिया गया। देश के कुछ लोग इस रेखा के ऊपर रहते थे, कुछ नीचे रहने वाले लोग पहले भरपेट भोजन करने से आलसी हो गये थे। वे अस्वस्थ भी रहने लगे थे, महँगाई के 21वीं सदी में पहुँचने से वे एकाहारी हो गये। इससे उनका स्वास्थ्य ठीक हो गया। उनमें चुस्ती आ गी। अब वे पहले से अधिक काम करते और कम भोजन करते। एकाहार से भी जिनका स्वास्थ्य नहीं सुधरा, वे उपवास करे लगे। सौदा सामान खरीदने में लोगों को भारी भरकम थैले ले जाने की झंझट से छुटकारा मिल गया लोग पूरी जेब पैसे देकर आधी जेब सामान लेकर हँसते हुए चले आते। दुकानदारों को भी आराम मिला, उन्हें अब अधिक सामान नहीं तौलना पड़ता। सेर, दो सेर की जगह लोग पाव–आध पाव में काम चलाने लगे। कम चीजें बेचने पर भी उन्हें अधिक पैसा मिलता।

वस्त्रों के मामले में लोग गांधीवाद की ओर आकर्षित होने लगे। जो दिन में दो बार कपड़े बदलते थे, वे अब हफ्ते में एक बार बदलने लगे। गरीबी रेखा के नीचे वाले लोग तो पूरी तरह से गांधीवादी हो गये। राजा और उसके सूबेदार कभी–कभी इन गांधीवादियों के पास जाते और उनके साथ अपना फोटो खिंचाते। अधिकारीगण कभी–कभी एकांत में महिला गांधीवादियों के साथ खुद गांधीवादी हो जाते!

मध्यम वर्गीय परिवारों में लोग अपने अपने घर के पहले कमरे में, जिसे वे बड़ों की नकल पर ड्राइंग रूम बनाने की कोशिश करते हैं, दैनिक उपयोग की वस्तुएं सजाने लगे। वे सब्जी मंडी जाते, चार रुपये के पाव भर टमाटर लाते और इस कमरे में किसी प्लेट में सजाकर रख देते। प्याज लाते और उसे धागे में पिरोकर टाँग देते। पड़ोसी आते और उनके कमरे में प्याज और टमाटर सजे देखकर प्रभावित हो, उन्हें सम्मान की नजर से देखने लगते। लोग अपने मित्रों को घर बुलाकर अंदर बड़े जोश के साथ चाय का आर्डर देते और भीतर से दूध नहीं है। जानकर मित्रों की ओर रहने दो यार अभी पीकर आये हैं सुनने की इच्छा से इस भाव से देखते कि अब मेरी इज्जत तुम्हारे ही हाथ है और मित्र उन्हें आराम से माफ कर देते।

लोगों की आवश्यकताएँ सीमित होने लगीं और वे सुखी रहने लगे। 'संतोषं परम सुखम' और 'संतोषी सदा सुखी' जैसे सूत्र वाक्य लोगों को सुखी रहने की निरन्तर प्रेरणा देते रहते। प्रजा पूरी तरह से सुखी रहने लगी, पर राजा के कुछ विरोधियों से प्रजा का यह सुख देखा नहीं गया और वे राजा से महंगाई को फिर से बीसवीं सदी में वापस लाने की माँग करने लगे।

बोल राजा, मानवता का कल्याण करने वाली महँगाई को बीसवीं सदी में वापस लाने की माँग करना क्या उचित है ?

विक्रमादित्य को चुप देखकर बेताल ने फिर कहा, बोल विक्रम जवाब दे, नहीं तो तेरा सिर फट जायेगा मजबूर विक्रमादित्य के मुँह से निकल गया नहीं और बेताल फिर पेड़ पर जा लटका।

जे बिनु काज दाहिनेहु बाएँ

लोग भले ही भाई जी से नफरत करते हों, मैं उन पर पूरी श्रद्धा रखता हूँ। लोग कहते हैं कि वे व्यर्थ ही किसी के फटे में टाँग अड़ाते रहते हैं। उन्हें आप से या आपको उनसे भले ही कोई मतलब न हो, पर यदि आप उनको ठीक ठाक चलते दिखेंगे तो वे आपकी टाँग जरूर खींचेंगे और ऐसा वे अपना धर्म समझकर करेंगे।

ऐसे मामलों में वे पूरी तरह धार्मिक हैं। अपने इस धर्मपालन के लिये वे पूरी तरह समर्पित हैं। अपना बहुत कुछ खोकर भी वे अपना धर्म पालन करते हैं। वे सच्चे आस्तिक हैं। समदर्शी हैं। बिना भेदभाव वक्त पर सबका साथ देते हैं। गजब की संवेदनशीलता है उनमें। किसकी कब और कितनी टांग खांचनी है, किसकी कब और कितनी निन्दा कैसे और कहाँ करनी है, वे जानते हैं, और मजाल कि वे इसमें कभी चूक करें। आपने ऐन वक्त पर उनका कितना ही साथ दिया हो पर मौका मिलते ही वे आपका बुरा करने से न चूकेंगे। वे जैसे बाट ही जोहते रहते हैं किसी का अहित करने की।

किसी का भला होते देख जैसे उनका बदन जल उठता है। किसी की प्रशंसा सुनकर उनका दिल बैठने लगता है और निन्दा सुनकर बल्लियों उछलने लगता है। लेकिन मैं कहता हूँ कि मित्रो ऐसे निष्काम कर्मयोगी कहाँ मिलेंगे आपको जो बिना किसी राग द्वेष के, बिना किसी फल की चाह के निर्लिप्त भाव से अपनी काम करते रहते हों।

फिर अकेले भाई जी ही ऐसे नहीं हैं। बहुतेरे तो ऐसे हैं कि परदे से बाहर ही नहीं आते। भीतर ही भीतर अपना काम करते रहते हैं, वैसे भाई जी जैसे लोग समाज के प्रायः हर क्षेत्र में पाये जाते हैं, पर साहित्य पर इनकी विशेष कृपा रहती है। इस क्षेत्र से इन्हें बड़ा लगाव है।

हमारे यहाँ एक कवि हुआ करते थे किसी जमाने में। जब शुरू-शुरू में उनकी कविताएँ पत्र-पत्रिकाओं में छपने लगीं और मंचों पर सराही जाने लगीं तो कुछ लोग, जिन्हें न तो कवि से मतलब था न कविता से, उनके पीछे पड़ गये। जहाँ कहीं उनकी कविता छपे, तुरन्त संपादक को चार-छै: पत्र डाल देते कि यह कविता हमने बहुत पहले अमुक पत्र-पत्रिका में पढ़ी है, अमुक नाम से, कृपया अपनी प्रतिष्ठित पत्रिका में ऐसी चुराई गयी रचनाएँ छापकर उसकी गरिमा कम न करें।

इधर जहाँ कहीं कवि सम्मेलनों में उन्हें बुलाया जाता ये वहाँ पहुँचकर पहले तो

उन्हें हूट करते, कहते कि अपनी सुनाओ–अपनी सुनाओ। बेचारे की मंच पर बुरी हालत हो जाती। फिर संयोजक से मिलकर उन्हें समझाते कि हम इसी के शहर से आये हैं। ये तो चोरी की रचनाएँ पढ़ता है हर जगह। लिखता–विखता कुछ नहीं है। हमारे यहाँ दो कौड़ी की इज्जत नहीं है इसकी साहित्यकारों में। सब मंचों पर से हूट हो चुका है इसी तरह। एक जगह तो संयोजक को लेने के देने पड़ गये थे इसके कारण। इसे देखकर मंच पर से दो बड़े कवि यह कहकर उठ खड़े हुए कि हम दूसरों की रचनाएँ सुनाने वालों के साथ अपनी रचनाएँ नहीं पढ़ सकते। यह सुनकर कुछ और कवि भी उठ खड़े हुए। अन्त में संयोजक ने इसे बिना कविता पढ़वाये ही पारिश्रमिक देकर विदा किया, तब कहीं जाकर सम्मेलन शुरू हुआ। आपने पता नहीं कैसे धोखे में आकर इसे बुला लिया। केवल इसकी वजह से आपके इतने बढ़िया कार्यक्रम की छीछालेदर हुई। अपना यह कार्यक्रम उन्होंने तब तक जारी रखा जब तक कि पत्र–पत्रिकाओं ने उन्हें छापना और लोगों ने कवि सम्मेलनों में बुलाना बन्द नहीं कर दिया। हारकर बेचारों ने कविता लिखना छोड़कर किराने की दुकान खोल ली और जिस डायरी में कभी रात–रात भर जागकर कविताएँ लिखा करते थे, उसके बचे हुए पन्नों पर ग्राहकों की उधारी का हिसाब लिखने लगे।

इस तरह एक अच्छा भला आदमी कविता के फील्ड से आउट हो गया। यह देखकर वे ऐसे प्रसन्न थे जैसे कोई बहुत बड़ा काम कर डाला हो। ऐसों के ऐसे ही काम बड़े होते हैं।

भाई जी के एक मित्र हैं रामलाल जी। भाई जी से एक कदम आगे। किसी को कुछ मिलने पर उन्हें ऐसा लगता है जैसे उनके यहाँ चोरी हो गयी हो। किसी का नुकसान होने पर उन्हें लगता है कि उनकी लाटरी खुल गयी। किसी को पुरस्कार मिले तो उनके चेहरे पर ऐसे भाव होंगे जैसे कुछ ही देर पहले अदालत ने उन्हें सजा सुनाई हो। दूसरे की बीमारी उनके स्वास्थ्य का राज है और दूसरे का स्वास्थ्य बीमारी का कारण। दूसरे की खुशी उनके गम का कारण है और दूसरे का गम खुशी का। दूसरों की सम्पन्नता देख वे खुद को गरीब महसूस करने लगते हैं और दूसरे की गरीबी देख गर्वित होने लगते हैं। किसी की बुराई करते समय उनकी समूची देह जीभ बन जाती है और निंदा सुनते समय वे अपने पूरे शरीर को जैसे कान बना लेते हैं। किसी की तारीफ करनी पड़े तो सोचते हैं काश हम गूँगे होते और सुननी पड़े तो सोचते हैं हाय हम बहरे क्यों न हुए?

सबसे बड़ी बात तो ये है कि ऐसा सहज ही सोचते–करते हैं. सिके लिए उन्हें कोई कारण नहीं चाहिए। एक बार हमारे एक प्रोफेसर मित्र को उनकी एक समीक्षा पुस्तक पर पुरस्कार दिये जाने की घोषणा हुई तो रामलाल जी दौड़े–दौड़े हमारे पास आये। आते ही बोले, ''बन्धुवर! आपने सुना कि नहीं कैसा गजब हो गया?'' उस समय उनका चेहरा ऐसे लग रहा था जैसे इनके यहाँ डाका पड़ गया हो। मैंने पूछा, ''क्या गजब हो गया, मैंने तो कुछ नहीं सुना।''

''तुमने क्यों सुना होगा, तुम्हें तो अपने से मतलब।'' उन्होंने खीझकर कहा। मैंने

बिना अतिरिक्त जिज्ञासा दिखाये कहा, "कुछ बताइये भी क्या हुआ?" बोले, "होना क्या था, वो जो तुम्हारा प्रोफेसर मित्र है न, जिसने कॉलेज के लड़कों के लिए एक कुंजी लिखी थी, सुना है उसे उस पर पुरस्कार मिलने वाला है। अजीब लोग है साब, कुछ न कुछ चाहिए पुरस्कार देने को। कुछ न मिला तो कुंजी पर ही दे डाला। मैं कहता हूँ कि क्या हिंदी में मौलिक किताबे नहीं बची हैं जो कुंजियों पर उतर आये हैं?" वे धारा प्रवाह बोले जा रहे थे। मैंने उनकी धार में रोड़ा अटकाते हुए कहा, "मगर वह तो उनकी समीक्षा कृति है। समीक्षा और कुंजी में तो बहुत फर्क होता है। समीक्षा को भी कुछ लोग एक तरह का मौलिक सृजन ही मानते हैं।"

"लोगों का क्या वे तो कुछ भी मान लेते हैं, पर मैं तो कहता हूँ कि यह घोर अन्याय है, जिले के दूसरे साहित्यकारों के साथ। चयन समिति के सचिव ने केवल चापलूसी के आधार पर ही ये पुरस्कार दिया है। तुम्हारा वह मित्र देखते नहीं कैसे परछाईं की तरह घूमता रहता है उसके साथ?" उनकी बौखलाहट शान्त नहीं हो रही थी। मुझसे कुछ काम बनता न देख वे यह कहते हुए चले गये कि तुम सब एक ही थैली के चट्टे-बट्टे हो। कुछ दिनों तक वे अपने जैसे लोगों का एक मोर्चा बनाकर इस निर्णय की खिलाफत करते रहे। इसी बीच एक स्वर्गीय साहित्यकार की जन्मशती मनाने की घोषणा एक कवि और उसके समर्थकों ने कर दी तो वे इस काम को बीच में छोड़कर उधर लग गये।

लोगों ने उन्हें समझाया कि स्वर्गीय साहित्यकार बहुत महान थे और उन्होंने हिंदी साहित्य में अमूल्य योगदान दिया है इसीलिये उनके शताब्दी समारोह का विरोध करना हिन्दी जगत का अपमान करना है। इस पर वे बोले, "तो ठीक है, पर मैं आयोजन समिति के प्रमुख का विरोध अवश्य करूँगा, वह ठीक आदमी नहीं है। वह अहंकारी है, स्वार्थी है और कोई भी आयोजन करके खुद चर्चा में बना रहना चाहता है।" "वह आदमी जैसा भी हो" लोगों ने कहा, "पर यह काम तो वह ठीक कर रहा है।" पर रामलाल जी तो रामलाल जी हैं, वे भला कहाँ मानने वाले थे किसी को? मान लेने पर उन्हें चैन भी कैसे मिलता? उन्होंने अपनी बिरादरी वालों को इकट्ठा किया और आयोजक कवि के खिलाफ लोगों को भड़काकर एक दूसरी आयोजन समिति खड़ी कर समारोह को विवादास्पद बना दिया। तरह-तरह के विवादों के चलते जैसे-तैसे वह समारोह हुआ। अब रामलाल जी किसी दूसरे मुद्दे की तलाश में हैं।

एक मित्र बोले, "क्यों बन्धु, रामलाल जी बेमतलब ही सबके पीछे पड़े रहते हैं, इससे उन्हें क्या मिलता है?" मैंने कहा, "चूहा किसी का कपड़ा कुतरता है तो उसे क्या मिलता है? यह तो उनका स्वाभाविक कर्म है मित्र जो वे करते हैं। ऐसे ही लोगों के लिये तुलसीदास ने लिखा है—"जे बिनु काज दाहिनेहु बाएँ।"

हर अच्छा काम करने वाले को काम शुरू करने के पहले ऐसे लोगों की वंदना अवश्य कर लेनी चाहिए।"

अथ विभूति वर्णन

अर्जुन बोला, ''हे भगवन! आपकी दिव्य विभूतियों का अन्त नहीं है। इस कलियुग में आप किन-किन रूपों में मेरे द्वारा पूजे और चिन्तन करने योग्य हैं सो सब आप अपने श्रीमुख से समझाकर कहिये, क्योंकि आप स्वयं ही अपने को जानते हैं, दूसरा नहीं।''

अर्जुन के इस प्रकार पूछने पर श्रीकृष्ण भगवान बोले, ''हे कुलश्रेष्ठ! मेरे विस्तार का अन्त नहीं है, क्योंकि इस कलियुग में मैं भ्रष्टाचार के समान यत्र, तत्र, सर्वत्र व्याप्त हूँ। फिर भी तेरे लिये मैं अपनी दिव्य विभूतियों को कहता हूँ मंत्रियों में बिना विभाग का मंत्री हूँ।''

''मैं राजनीति में कुर्सी और राजनीतिक दलों में सत्तारूढ़ दल हूं। विधानसभाओं में शारीरिक शक्ति प्रदर्शन और संसद में घाटे का बजट में ही हूँ। विपक्षी दलों में मैं गठबंधन और सत्तादल में असन्तुष्ट हूँ। विपक्षी नेताओं के लिए अविश्वास प्रस्ताव, मुख्यमन्त्रियों के लिये केन्द्र की आर्थिक सहायता और राज्यपालों के लिये विधायकों की परेड हूँ।''

''चुनाव में पंचायत चुनाव हूँ। निगमों में राज्य परिवहन निगम, कर्मचारियों में पटवारी, अफसरों में थानेदार, कवियों में हास्य कवि, तानाशाहों में हिटलर और राष्ट्रभक्तों में मैं जयचन्द हूँ।''

''मुनियों में मैं नारद हूँ। दिनों में संडे और ग्रहों में शनि हूँ। सब्जियों में कद्दू, बर्तनों ने चमचा शास्त्रों में बेलन, देवताओं में कामदेव, देवियों में निद्रादेवी, पक्षियों में उल्लू, पशुओं में गधा हूँ।''

''मैं देश में स्वदेशी और विदेशों में बहुराष्ट्रीय कम्पनी हूँ। बढ़ने वालों में महँगाई और घटने वालों में रुपये का मूल्य हूँ। विवाह में दहेज, कचहरी में रिश्वत, दफ्तरों में फाइल, बसों में ओव्हर लोडिंग हूँ।''

''हे अर्जुन! वृक्षों में मैं यूकेलिप्टस हूँ। वाहनों में राज्य परिवहन निगम की बस हूँ। रसों में निंदा रस हूँ। भूलने योग्य बातों में वायदा और याद रखने योग्य में कुर्सी हूं।''

''उपन्यासों में पॉकेट बुक्स उपन्यास, कथाओं में अपराध कथा, नाटकों में नुक्कड़ नाटक और काव्य में क्षणिकायें हूँ।''

‘‘विषयों में गणित हूँ। परीक्षा में नकल और परीक्षाफलों में सप्लीमैंट्री हूँ। चयन प्रक्रिया में सिफारिश और नौकरियों में आरक्षण भी मैं ही हूँ।’’

‘‘मध्यप्रदेश में बिजली, उत्तर प्रदेश में कानून और कश्मीर में उग्रवादी मैं ही हूँ। हे पार्थ! कॉलेजो में पढ़ाई के दिनोम में रैंगिग और परीक्षा के दिनों में हड़ताल मुझे ही जान।’’

‘‘वनस्पति घी में चर्बी, अस्पतालों में नर्स, मिष्ठान्नों में कोटी की शक्कर और खाद्‌य पदार्थों में मिलावट मैं हूँ।’’

‘‘अखबारों में चरित्र हनन का झूठा समाचार, उपन्यासों में अश्लील प्रेम प्रसंग व फिल्मों में बलात्कार का सीन हूँ। गुणों में चाटुकारिता और अवगुणों में इमानदारी हूँ। मानवीय चरित्र में स्वार्थ और प्रेमवासना भी मैं ही हूँ। कलाओं में वोट बटोरू कला और नेत्र रोग विशेषज्ञों में बिहार की पुलिस हूँ।’’

‘‘हे सव्यसाची! उदारता में मैं सरकारी खजाना व कृपणता में शासकीय सुविधा हूँ। गगनचरों में बाढ़ पीड़ित क्षेत्र का दौरा कर रहे मंत्री का हैलीकॉप्टर हूँ सागरों में सूरसागर व तीर्थों में कोतवाली तू मुझे ही जान। मैं गर्मी में लू, बरसात में बाढ़ और जाड़े में शीतलहर हूँ।’’

‘‘कुश्ती के अखाड़ों में विधानसभा व संसद और अर्थव्यवस्था में अन्तर्राष्ट्रीय मुद्राकोष का ऋण हूँ। गायब होने वालों में जनप्रतिनिधि, बदलते रहने वाला में कांग्रेसी मुख्यमंत्री व स्थिर रहने वालों में बेरोजगारी की समस्या हूँ।’’

‘‘बोलने वालों में विपक्षी विधायक व सांसद तथा शान्त रहने वालों में मंत्री हूँ। साहसिक कार्यों में छेड़खानी व धर्म कार्यों में राहत कार्य मैं ही हूँ।’’

‘‘हे परतप! मेरी दिव्य विभूतियों का अन्त नहीं है, यह तो मैंने तेरे लिये उनको संक्षेप में कहा है। आज के युग में तुझो जो कुछ असरदार दिख उसे तू मेरी ही दिव्य विभूति का अंश जान।’’

एक व्यंग्यकार की चिट्ठी समीक्षक के नाम

पूज्यपाद विप्लव जी,

सादर चरण वंदन,

इधर बहुत दिनों से आपने मेरी कोई सुध नहीं ली, क्या कारण है ? क्या इस सेवक की सेवकाई में कोई खोट रह गयी है ? यदि अनजाने में कुछ गलती हो जावे तो मेरे प्रति सदा क्षमा भाव ही रखा करिये। मेरा आपके प्रति समर्पण किसी से छिपा नहीं है। आपके प्रति मेरे समर्पण भाव के कारण, आप तो जानते हैं कि साहित्य जगत के और खासकर व्यंग्य जगत के न जाने कितने लोग मुझसे नाराज हो गये तो मैं तो कहीं का न रहूँगा। दीपावली पर भेजी मेरी क्षुद्र भेंट मिल गयी होगी। स्वीकार कर लीजियेगा। कमी-बेशी नववर्ष पर पूरी हो जायेगी। भाभी जी से कहियेगा कि मैं अगले माह जब आऊँगा तो उनकी पसंद का शॉल जरूर लाऊँगा। पिछली बार जब उन्होंने कहा था, तब यहाँ स्टॉक समाप्त हो गया था। आपकी आज्ञानुसार मैंने इधर-उधर से कुछ कर्ज लेकर व्यंग्य संग्रह छपवा लिया है। छपाई बहुत अच्छी हुई है। कबर पेज देखकर तो आपकी तबियत खुश हो जायेगी। इसमें मेरे इक्यावन व्यंग्य लेख आ गये हैं। पुस्तक आपको ही समर्पित की है। भूमिका आपके निर्देशानुसार विदुर जी से लिखवा ली थी। भूमिका लिखवाने के लिये उन्होंने बहुत पापड़ बिलवाये मुझसे। सुबह, दोपहर, शाम न जाने कितने चक्कर उनके घर के लगाने पड़े। कुछ दिनों से यह हो गया था कि मुझे देखते ही उनके घर के लोग किवाड़ बंद कर लेते थे। मुझे आता-जाता देख लोग एक ही बात पूछते, "विदुर जी के यहाँ जा रहे हो क्या ? या विदुर जी के यहाँ से आ रहे हो क्या ?" मगर अन्त में सफलता मिल गयी तो बुरा नहीं लगा। उनका कहना था कि मैं इतने कमजोर संग्रह की तुम्हारे चाहे अनुसार सशक्त भूमिका नहीं लिख सकता, आखिर मेरी भी प्रतिष्ठा है। अंत में उनके एक नजदीकी रिश्तेदार से कहलवाना पड़ा, तब कहीं जैसे-तैसे तैयार हुए। तो भी चार लाइनें उन्होंने उल्टी-सीधी लिख ही दी। हालाँकि मैंने वे लाइनें छपते समय हटवा दीं और इस तरह पूरी भूमिका संग्रह की उपादेयता सिद्ध करने वाली व मुझे एक प्रतिभाशाली व सम्भावनाशील व्यंग्यकार निरूपति करनेवाली बन गयी है। संग्रह की बाइंडिंग का काम पूरा होते ही एक-दो दिन में मिल जायेगा। आपकी दी गयी सूची के अनुसार सबको

संग्रह की एक-एक प्रति भेज रहा हूँ। यहाँ भी अपने गुट के साथियों को कुछ प्रतियां वितरित करना है। आपकी सेवा में पचास प्रतियों का सैट शीघ्र ही गुमनाम जी के हाथों भेज रहा हूँ। अब आगे सबकुछ आप ही के हाथ है। मैंने संग्रह की तीन-चार तरह की समीक्षाएँ खुद लिख ली हैं। एक गुमनाम जी अपने साले से लिखवा रहे हैं, वह कहीं कॉलेज में है। संग्रह को विवादास्पद व चर्चित करने वाली एक समीक्षा मेरे रिश्तेदार अपने किसी साहित्यिक मित्र से लिखाने वाले हैं। संग्रह के दो-तीन व्यंग्य लेखों को लेकर जयपुर व इंदौर के कुछ मित्रों को मुकदमा करने को लिख दिया है। वे वकीलों से इस संबंध में परामर्श कर रहे हैं। पुस्तक के बाजार में आते ही वे मुकदमा कर देंगे। इससे संग्रह के चर्चित होने के पूरे चांस हैं। संग्रह के विमोचन समारोह की रूपरेखा कुछ मित्रों के साथ बना रहा हूँ। विमोचन कहाँ और किससे कराया जाये इस संबंध में असमंजस की स्थिति बनी हुई है। कुछ मित्रों का कहना है कि विमोचन भोपाल में हो और किसी ऐसे व्यक्ति से कराया जाये जिसके पावन कर-कमलों का स्पर्श पाते ही संग्रह सीधे प्रकाशक की दुकान से सरकारी अलमारियों में पहुँच जाये। कुछ की राय में विमोचन दिल्ली में किसी नामी साहित्यकार से कराया जाये ताकि संग्रह साहित्यिक हलकों में चर्चित हो सके। अंतिम निर्णय तो इस सबका आपको ही करना है। आप जैसा कहेंगे वैसा ही होगा। हाँ ये तय है कि समारोह बिल्कुल व्यवस्थित व पूर्व निर्धारित कार्यक्रमों के अनुसार ही होगा। समारोह में चुनिंदा विद्वानों व पत्रकारों को आमंत्रित किया जायेगा और समारोह पश्चात उनकी रूचि के खान-पान की बेहतर व्यवस्था की जायेगी और विदा होते समय उन्हें विमोचन समारोह की रपट व संग्रह की समीक्षा की एक प्रति बंद लिफाफे में दी जायेगी ताकि कार्यक्रम को अखबारों में पर्याप्त व सम्मान जनक स्थान मिल सके। एक रिश्तेदार आकाशवाणी व दूरदर्शन वालो से सम्पर्क कर रहे हैं उनका सुझाव ये भी है कि यदि किसी बड़े नेता या मंत्री से विमोचन कराया जाये तो ये काम आसानी से हो जायेगा। यदि ये सब कुशलता से हो गया तो सफलता का प्रथम सोपान हम पूरा कर लेंगे।

बाद में दूसरा चरण होगा समीक्षा का। उसे तो पूरा का पूरा आपको ही सँभालना है। मेरे द्वारा भेजी गयी समीक्षाओं को आप देख लीजियेगा और वे आप अपने शिष्यों के नाम से जहाँ जैसे ताल्लुकात हो, वहाँ छपवा दीजियेगा। 'दैनिक उलूक टाइम्स' और 'चिड़ीमार' के समीक्षक व संपादक तो आपके भक्त हैं, मगर 'बतख' व 'गड़बड़घोटाला' जैसी पत्रिकायें मुझसे व आपसे अपना पुराना बैर निकालने से न चूकेंगी। आपके कहने पर मैंने इनके संपादकों व एक स्तंभ लेखक के बारे में जो तीखे लेख लिखे थे, उसे वे अब तक भूले नहीं है। कुछ साथी व्यंग्यकार भी टांग खीचने का प्रयास कर सकते हैं, पर आपकी समीक्षा छपने के बाद सबके मुँह बंद हो जायेंगे। व्यंग्य समीक्षा के क्षेत्र में आपकी जो धाक है, उसे सभी मानते हैं। आपने न जाने कितनों को न कुछ से सब कुछ बना दिया। जिसे स्थापित कर दिया वह व्यंग्य में चल निकला। जिस पर आपकी कृपा दृष्टि नहीं

हुई, उसकी कहीं चर्चा तक नहीं होती। लटपटानंद जी ने आपके विरोधियों के बहकावे में आकर आप पर जो छींटाकशी अपने एक लेख में की थी, उसका खामियाजा आज तक भुगत रहे हैं। आठ–दस संग्रह आने के बाद भी आज साहित्य व व्यंग्य जगत में उन्हें कोई नहीं जानता और मेरा मन कहता है कि मेरा पहला संग्रह आते ही आपकी चरण रज के प्रभाव से व्यंग्य जगत में मेरी एक पहचान बन जायेगी। इसी कृपा की प्राप्ति के लिये ही तो मैंने निरन्तर सबके खिलाफ लिखा, मगर आपके विरुद्ध लिखने के सबसे ज्यादा कारण होने के बाद भी चुप रहा, बल्कि सदैव आपकी आज्ञानुसार आपके विरोधियों की खाट खड़ी करता रहा। लोगों ने मुझे बहुत भड़काया कि मैं आपके विरूद्ध लिखूँ, मगर आपके पराक्रम का ज्ञान मुझे था, इसलिए मैं कभी उनके बहकावे में नहीं आया।

मेरी प्रतिभा से तो आप भलीभाँति परिचित हैं। मेरी कमजोरी आपसे छुपी नहीं है। कैसे मैं अपने पूर्ववर्ती व्यंग्यकारों की रचनाओं का सहारा तरह–तरह से अपने लेखन में लेता रहा हूँ। कभी मैंने उनके शीर्षक चुराये, तो कभी शैली की नकल की, विषय सामग्री तो थोक में उनकी इधर–उधर करता ही रहा हूँ। संग्रह में भी ऐसी तमाम रचनाएँ हैं, मगर आप अपने समीक्षात्मक कौशल का इस्तेमाल करते हुए संग्रह को अब तक की सबसे अनूठी कृति सिद्ध कर दें तो आपका यह सेवक सदा सर्वदा आपका ऋणी रहेगा। इससे संग्रह की बिक्री भी हाथोंहाथ हो जायेगी। आप यदि उचित समझें तो संग्रह का एकाध लेख विश्वविद्यालय की किसी कक्षा के कोर्स में लगवा दें। आपके लिये सब बायें हाथ के काम हैं, फिर मुझे तो आप हमेशा दायें हाथ से आशीर्वाद देते हैं। आखिर संग्रह भी तो आपको ही समर्पित है। संग्रह की लाज आपके ही हाथ हैं। आप जानते तो हैं कि हिन्दी साहित्य में तमाम कृतियाँ कमजोर होने के बावजूद समीक्षकों की कृपा से अपनी विधा की श्रेष्ठ कृतियाँ सिद्ध हो चुकी हैं और तमाम श्रेष्ठ कृतियाँ बेहद सशक्त होने के बावजूद समीक्षकों की कृपा दृष्टि न पड़ने के कारण आज भी अँधेरे में पड़ी हुई हैं। वे समीक्षक ही हैं जो एक साहित्यकार के लिखे एक–एक शब्द को मूल्यवान बना देते हैं और दूसरे की पूरी की पूरी पुस्तक को कूड़ेदान में फेंकने की सलाह देते हैं बेचारे लेखक और प्रकाशक दोनों माथा ठोकते रह जाते हैं।

आशा है आप मेरी भावनाओं को समझेंगे और मुझ पर अपनी कृपा दृष्टि करेंगे। भाभी जी को मेरा विनम्र प्रणाम कहियेगा। उन्होंने सदा मुझे माँ जैसा स्नेह दिया। बंटी कैसा है ? यहाँ आपकी बहू व अन्य परिजन आपको प्राय: याद करते रहते हैं। सबने आपको प्रणाम निवेदित किया है। अभी इतना ही शेष मिलने पर।

आपका चरण कमल अनुरागी
एक अकिंचन दास

पति : परिभाषा, प्रकार और महत्त्व

पति भारतीय समाज की एक महत्वपूर्ण इकाई है। समाज की संरचना व विकास में पति की अहम भूमिका होती है। समाज के इस बहुसंख्यक वर्ग को आजकल काफी बेचारा माना जाता है। समय के साथ-साथ पति की पारिवारिक व सामाजिक स्थिति में परिवर्तन होता रहा है। आज का प्रति प्राचीन काल से एकमद भिन्न है।

परिभाषा

पति को समय-समय पर परिभाषित कया जाता रहा है, लेकिन समाज विज्ञान के इतने विकास के बावजूद पति की काई सर्वमान्य परिभाषा सामने नहीं आ पाई है। बहुतेरे विद्वानों, लेखकों, समाजवेत्ताओं व अनुभवी पतियों ने इसे अलग-अलग तरह से परिभाषित किया है।

एक विद्वान् के अनुसार "एक ऐसा पुरुष जो अंततः किसी स्त्री द्वारा नियंत्रित होता है, पति कहलाता है।"

"सुप्रसिद्ध समाजवेत्ता एस. गड़बड़झाला के मतानुसार "वे सभी पुरुष, जो सुहाग चिह्न धारण करनेवाली महिलाओं को देखकर कांतिहीन हो जाते हैं, पति की श्रेणी में आते हैं।"

एक प्रतिष्ठित लेखक का कहना है कि दुनिया का हर पुरुष पति बनने की इच्छा रखता है, लेकिन पति बन जाने के बाद वह जीवनभर यह खोजने में लगा रहता है कि आखिर आदमी के मन में इतनी घातक इच्छा जन्म क्यों लेती है ?

एक अनुभवी पति के शब्दों में "हर वह व्यक्ति पति है, जो मेरे जैसा है, और मैं कैसा हूँ यह तो मैं अपनी पत्नी से पूछकर ही बता सकूँगा।"

एक विचारक की नजर में हर अच्छा पति एक अच्छा सेवक होता है और हर अच्छा सेवक एक अच्छा पति होता है।

एक भुक्तभोगी पति का कथन है कि पति बनना आत्मघात करने जैसा है। परन्तु एक अन्य पति की राय में पति बनना मानव जीवन की सबसे बड़ी सार्थकता है। एक पुरुष पूर्ण पुरुष तभी होता है जब वह पति बनता है। एक गुमनाम समाजशास्त्री के अनुसार पति बनना जीवन की स्वतन्त्रता खोना है। एक प्रचलित लोकमान्यता के अनुसार जो व्यक्ति बिना

किसी तर्क-वितर्क के आपकी बात मान ले समझ लो वह जरूर पति है। एक अन्य धारणा के मुताबिक कोई पुरुष पति है या नहीं यह पता इसी से चलता है कि वह कितना विनम्र है। कुछ लोग कम बोलने और ज्यादा सुनने वाले पुरुषों को पति की श्रेणी में रखते हैं। कुछ लोगों के अनुसार पति, पत्नी के गले में लटका हुआ पेंडुलम है, तो कुछ उसे स्त्री के हाथ का झुनझुना मानते हैं।

निष्कर्ष रूप में यही कहा जाता है कि पति एक ऐसा व्यक्ति होता है जो कम बोलने व ज्यादा सुनने में विश्वास रखता है, जो किसी भी तरह के तर्क-वितर्क को गैर जरूरी मानता है और हर सही-गलत बात से सहजभाव से सहमत रहता है, जो अपेक्षाकृत कम स्वतंत्र होता है, विनम्र व सेवाभावी होता है और प्रत्यक्ष या अप्रत्यक्ष रूप से किसी न किसी स्त्री द्वारा संचालित होता है।

प्रकार या वर्गीकरण

पति कई प्रकार के होते हैं। समाजशास्त्रियों व विद्वानों ने इन्हें अलग-अलग आधारों पर वर्गीकृत किया है।

अ. साहित्यिक आधार पर-

एक जाने माने लेखक व समाज विज्ञानी ने हिन्दी साहित्य के काव्य इतिहास के कालों के आधार पर पतियों का वर्गीकरण किया है। इसे ''साहित्यिक वर्गीकरण के सिद्धांत'' के नाम से जाना जाता है। इसके अनुसार पतियों के प्रमुख प्रकार निम्नलिखित हैं:-

1. **वीर पति**- ये पति वीरता के पुजारी होते हैं और मौके-बेमौके पत्नी के सामने अपनी वीरता का प्रदर्शन करते रहते हैं। इनके इस वीरतापूर्ण प्रदर्शन के कारण इनकी पत्नी सदैव घायल अवस्था में रहती है। ये पति पत्नी को पैर की जूती और दासी मानते हैं।

2. **भक्त पति**- ये पति जैसा कि नाम से ही स्पष्ट है अपनी पत्नी के प्रति भक्ति भावना से ओतप्रोत होते हैं। ये पत्नी की देवी रूप में उपासना करते हैं। पत्नी के मुँह से निकला हर वाक्य इनके लिये वेदवाक्य और हर आज्ञा शिरोधार्य होती है। समाज में ये पत्नीभक्त पति के रू में जाने जाते हैं।

3. **रीति पति**- ये सौंदर्य और शृंगारप्रिय होते हैं। पत्नी के बनाव-श्रंगार के प्रति ये काफी जागरूक रहते हैं। अपनी कुल आय का तीन चौथाई भाग ये सौंदर्य प्रसाधनों और वस्त्राभूषणों पर खर्च करते हैं। इस चक्कर में ये खुद का सौंदर्य खो बैठते हैं। हर सुंदर व सजी-संवरी स्त्री के लिये इनके दिल में जगह रहती है।

4. **छायावादी पति**-इस वर्ग के पति कल्पनाशील होते हैं और अपनी बनाई हुई काल्पनिक दुनिया में इस कदर खोये रहते हैं कि वास्तविक दुनिया में इनकी एक पत्नी भी है इसका ध्यान पत्नी को ही कभी-कभी कराना पड़ता है। इन्हें विद्वानों ने छायावादी पति

की संज्ञा दी है। कवि, कलाकार आदि इसी श्रेणी में आते हैं।

5. प्रयोगवादी पति–ये स्वभावत: प्रयोगधर्मी होते हैं। दाम्पत्य जीवन इनके लिए एक प्रयोगशाला की तरह होता है। ये जीवन के कई क्षेत्रों में पत्नी का प्रयोग करने में यकीन रखते हैं। महत्वपूर्ण पदों पर नियुक्ति या पदोन्नति आदि के लिये ये पत्नी का प्रयोग करने को बुरा नहीं मानते।

6. हालावादी पति–जो पति दिन भर काम के बाद रात को नशे में चूर होकर घर लौटते हैं और पत्नी के आपत्ति करने पर अश्लील सुभाषित उच्चारित करने लगते हैं, वे हालावादी कहलाते हैं।

7. प्रगतिवादी पति–जो पति अपनी पत्नी के सहारे प्रगति करते हैं वे प्रगतिवादी पति कहलाते हैं। इनके लिये प्रगति पत्नी से कहीं ज्यादा महत्वपूर्ण होती है।

ब. अन्य आधारों पर

कुछ अन्य आधारों पर भी पतियों का वर्गीकरण किया गया है जो निम्नानुसार है–

1. परम्परागत पति–इनकी पति होने में कोई रुचि नहीं होती, चूँकि परम्परा से एक उम्र के बाद हर पुरुष पतिगति को प्राप्त होता है ये भी इसी मान्यता या सिद्धान्त के अनुसार पति हो जाते हैं। ऐसे पति परम्परानुसार पति पद की गरिमा को बनाये रखने का प्रयास करते हैं। ये इतने परम्परावादी होते हैं कि आधुनिक युग में भी पत्नी से प्यार जताने के परम्परावादी तौर तरीके ही अख्तियार करते हैं।

2. पूर्णकालिक पति– ये पूरे समय पति होते हैं। घर हो या बाहर ये हर जगह पति रहते हैं। वे सोते–जागते उठते–बैठते, काम करते, हर समय पूरे निष्ठाभाव से पति बने रहते हैं। मौका चाहे कोई भी हो ये अपना पतिपना दिखाने से बाज नहीं आते। इनकी शक्लोसूरत देखकर कोई भी आसानी से बता सकता है कि ये पति है। अधिकांश भारतीय पति इसी वर्ग में आते हैं।

3. अंशकालिक पति–इन्हें पार्टटाइम पति भी कहते हैं। ये यदा–कदा ही पति होते हैं। ये बहुधा अपने कामों में इतने व्यस्त रहते है कि अपनी पत्नी को अत्यन्त स्वल्य समय ही दे पाते हैं। इनकी पत्नी इनसे मिलने के लिये बेताब रहती है, मगर ये हैं कि समय ही नहीं निकाल पाते। ऐसे में इनकी व्यस्तता का लाभ उठाकर कुछ मनचले किस्म के जीव इनकी पत्नी को समय दान करने का प्रयास करने लगते हैं।

4. प्रतीकात्मक पति–ऐसे पति जिनके अपनी पत्नी से संबंध मधुर नहीं होते, बल्कि यूँ कहें कि संबंध होते ही नहीं हैं, लेकिन धार्मिक या वैधानिक रूप से वे उससे अलग भी नहीं कहे जा सकते, प्रतीकात्मक पति कहलाते हैं।

5. पालिक पति–इन्हें घरेलू पति भी कहते हैं। ये अपने जीवन निर्वाह के लिये पत्नी पर निर्भर रहते हैं। इनकी पत्नी अर्थोपार्जन के कार्य से बाहर रहती है और ये घर पर रहकर

घरेलू कामकाज निपटाते हैं। आजकल ऐसे पतियों की संख्या काफी बढ़ती जा रही है।

6. बेचारे पति–यूँ तो सभी पति किसी न किसी रूप में बेचारे होते हैं,पर ये कुछ ज्यादा ही बेचारे होते हैं। जिन पतियों की पत्नियों सार्वजनिक क्षेत्र में प्रसिद्धि के शिखर को छूती है और उनका सारा समय सार्वजनिक जीवन को समर्पित रहता है वे, इसी श्रेणी में आते हैं। इन पतियों की खुद की कोई पहचान नहीं रहती अपनी पत्नी के पति के रूप में ही इनकी पहचान होती है।

पतियों के इन प्रकारों के अलावा और भी बहुत से प्रकार हैं। जिन्हें अवर्गीकृत पति वर्ग में रखा गया है।

महत्त्व–मानव जीवन में पति का महत्वपूर्ण स्थान है। यदि समाज की वह धुरी है, जिसके ईद-गिर्द आधी दुनिया घूमती है। पति न हों तो "आधी दुनिया" बहुत सी सुख-सुविधाओं से वंचित रह जायेगी। पति ही हैं जिनके कारण पत्नियाँ ऐशो आराम का जीवन व्यतीत करती हैं। वह स्त्री जाति का भरोसेमंद पहरुआ है। यद्‌यपि आधी दुनिया को बराबरी का हक दिलाने के अलम्बरदारों द्वारा आज पति की भूमिका को दरकिनार करने का प्रयास किया जा रहा है, तो भी पति का महत्त्व जहाँ और जैसा है वह कल था, आज है और कल रहेगा। (पतियों के महत्व के बारे में कुछ ज्यादा कह गया होऊँ तो पत्नियाँ व स्त्रीवादी कृपया क्षमा करें।)

कवि का दु:ख

कवि जी इन दिनों दु:खी हैं। हालाँकि लोगों को उनके दु:खी होने की खबर नहीं है। वैसे तो वे सदैव दु:खी रहते हैं। दु:खी रहना उनका स्वभाव हो गया है। कहीं जरा सी भी गड़बड़ हुई नहीं कि वे दु:खी हुए। दु:खी होने के लिये वे सदैव तैयार रहते हैं। कब मौका लगे और वे दु:खी हो लें। दु:ख के लिये ऐसा समर्पण भाव बिरले लोगों में ही पाया जाता है। कुछ लोग तो इस कदर संवेदनहीन होते हैं कि बड़े-बड़े दु:ख भी हँसते-हँसते झेलते रहते हैं। कैसा भी कष्ट हो उन्हें मगर वे आपको सदा मुसकराते मिलेंगे। जीवन का कोई भी दु:ख ऐसे लोगों को गम्भीर नहीं करता। कैसे पाषाण हृदय हैं। छि: ! यह भी कोई बात हुई, अरे दु:ख है तो दु:खी क्यों न हों, ऐसा सोचते हैं कवि और दु:खी हो जाते हैं। कभी-कभी तो लोगों को अनावश्यक रूप से हँसते हुए देखकर भी वे दु:खी हो जाते हैं। लोग वर्षों से उन्हें इसी तरह किसी न किसी कारण से दु:खी देखते आ रहे हैं। उन्हें देखकर उनके हम उम्र लोग जोर देकर याद करने का प्रयास करते हैं कि उन्हें मुस्कराते हुए कब देखा था, मगर असफल रहते हैं। उनके लिये हँसी एक पुरातात्विक सम्पदा का रूप ले चुकी है। दु:ख उनके चेहरे पर स्थाई भाव की तरह चस्पा हो गया है। इससे उनके कवि व्यक्तित्व में निखार आया है। दु:ख आदमी को निखारता है, यह उन्हें देखकर समझ में आता है।

उनका मन आंचलिकता में रमता है। उनकी आस्था आंचलिक साहित्य में है। आंचलकि साहित्य को वे भारतीय साहित्य की आत्मा मानते हैं। स्वाभाविक है कि उनके दु:ख के कारण उनके अपने आस-पास ही मौजूद रहते हैं। वे स्थानीय स्तर के दु:खों से दु:खी रहते हैं। प्रादेशिक या राष्ट्रीय दु:ख के कारण उन्हें प्रभावित नहीं करते। आंचलिक स्तर के दु:ख उन्हें इतनी बुरी तरह से प्रभावित करते हैं कि वे शेष कारणों से अप्रभावित रहते हैं। वे अपने मित्रों से मिलते हैं तो उनका वार्तालाप प्राय: इस तरह होता है।

मित्र : कल अमुक जगह हुई रेल दुर्घटना में काफी लोग मर गये।

वे : अब रेलें हैं तो दुर्घटना तो होगी ही। अगली पंद्रह तारीख को अमुक जगह कवि सम्मेलन है, तुम्हें बुलाया कि नहीं ? 'बेदर्द' जी को तो बुलाया है।

मित्र : आपके पड़ोसी की लड़की को उसके ससुराल वालों ने जलाकर मार डाला। कैसे पापी लोग हैं ?

वे : यही तो संसार है। मेरी कविता अमुक पत्रिका में छपी है, देखी या नहीं। न देखी हो तो देख लेना। सम्पादक को एक प्रशंसा पत्र लिख देना।

मित्र : आपने पढ़ा कवि जी, अमुक जगह एक दर्जन लोग भूख से मर गये।

वे : मैंने पत्रिका के सम्पादक को बहुत तीखा पत्र लिखा है, देखो छापता है या नहीं।

मित्र : महँगाई के कारण तो आजकल आदमी का जीना दूभर हो गया है।

वे : अमुक जी की एक रचना छपी है कल के अखबार में, मिले थे तो बड़े रौब से दिखा रहे थे।

वे साहित्य सेवी हैं। साहित्य की सेवा करना धर्म समझते हैं। माँ सरस्वती ने उन्हें जो अलौकिक प्रतिभा दी है सृजन की, उसके द्वारा माँ भारती के भंडार में श्री वृद्धि करना उनका पहला और आखिरी दायित्व है।

कोई दूसरा जब इस दायित्व निर्वहन में बाधा डालता है या उनका दायित्व कोई दूसरा निभाने लगता है तो वे दु:खी हो जाते हैं। वे साहित्य को समर्पित व्यक्तित्व हैं। उनका सबकुछ सहित्यमय है। उनका उठना, बैठना, चलना, बोलना सब एक साहित्यिक अदा लिये होता है। वे सदा अपने को साहित्य के आसपास रखते हैं। उनके दु:ख के कारण भी साहित्यिक ही होते हैं। व्यक्तिगत या सामाजिक कारणों से वे बहुत कम दु:खी होते हैं, बल्कि नहीं भी होते हैं, पर साहित्य से जुड़ी हर बात, हर गतिविधि उन्हें भीतर तक आन्दोलित कर देती है।

कवि जी मुझ पर काफी स्नेह रखते हैं। जब भी दु:खी होते हैं, मेरे पास आकर खुद को हल्का कर लेते हैं। एक दिन मुलाकात हुई तो बोले, ''तुम्हें पता है, अपनी आंचलिक भाषा के प्रतिनिधि कवियों का एक संग्रह प्रकाशित हुआ है ?''

मैंने कहा, ''मुझे तो नहीं पता।''

''पता नहीं तुम कैसे साहित्यिक हो। साहित्य जगत की किसी घटना की जानकारी तुम्हें नहीं होती।'' उन्होंने झुँझलाकर कहा।

''मुझे सचमुच जानकारी नहीं है, मगर ऐसा है तो अपनी क्षेत्रीय भाषा के लिये तो यह एक उल्लेखनीय काम है। कम से कम आपके लिये तो यह एक प्रसन्नता की बात है।'' मैंने कहा।

''खाक प्रसन्नता की बात है।'' संग्रह मेरे सामने फेंकते हुए वे बोले, ''इसे देखो फिर बात करो।''

मैंने संग्रह को उलट-उलट कर देखा संग्रह में सम्मिलित आधा सैकड़ा से भी अधिक कवियों में उनका नाम नहीं था। संग्रह बड़े आकर्षक ढंग से सजिल्द छपा था और उसमें प्रत्येक कवि के सचित्र जीवन परिचय के साथ उसकी पाँच प्रतिनिधि रचनाएँ दी गयी थीं। मैं कवि जी के दु:ख का कारण समझ गया। संग्रह को एक तरफ खिसकाते हुए कहा, ''यह तो वाकई आपके साथ अन्याय है। आप इतने वर्षों से साहित्य सेवा करते आ रहे हैं, मगर आपको सम्पादक ने इस संग्रह में स्थान नहीं दिया, पता नहीं ऐसा क्यों किया गया ?''

"कारण तो मैं जानता हूँ और शायद तुम भी जानते होगे। संग्रह का सम्पादक मुझसे प्रारम्भ से ही कुढ़ता है। मेरी रचनाशीलता का वह सदैव निरादर करता रहा है। वह तो मुझे कवि मानने को ही तैयार नहीं है, प्रतिनिधि कवि मानना तो बड़ी बात है।"

मैंने देखा कि संग्रह में स्थान न मिलने के कारण वे खुद को बहुत अपमानित महसूस कर रहे हैं। उन्हें सांत्वना देने के अन्दाज से कहा, "कोई बात नहीं आंचलिक साहित्य के मूल्यांकन का ठेका अकेले उन्हीं के पास नहीं है, आगे कोई न कोई जरूर आपके योगदान को स्वीकार करेगा।" "सो तो है ही।" उन्होंने स्वीकार किया। साहित्य में खुद को स्थापित करने के लिये कवि जी ने कठिन संघर्ष किया है। लिखने से ज्यादा संघर्ष वे छपने के लिये करते हैं। स्थानीय व क्षेत्रीय अखबारों के सम्पादकों के प्रति उनका सेवाभाव देखते ही बनता है। इसके बावजूद जब उन्हें अखबारों में पर्याप्त स्थान नहीं मिलता तो उनका दु:खी होना स्वाभाविक है।

उनके दु:ख का कारण यह भी है कि उनके देखते-देखते नये लड़के साहित्य में आगे बढ़ते जा रहे हैं और वे जहाँ के तहाँ हैं। एक नवोदित लेखक को राष्ट्रीय स्तर की पत्र-पत्रिकाओं में छपते देख वे कई दिन तक दु:खी रहे। बोले, "आजकल बड़ी पत्र-पत्रिकाओं का वह स्तर नहीं रहा, जिसे देखो छाप देते हैं।" मन में आया कि पूछ लूँ कि फिर आप क्यों नहीं छपते, मगर मैं उन्हें और दु:खी नहीं करना चाहता था। उस नये लेखक का जब नगर की कुछ साहित्यिक संस्थाओं ने अभिनन्दन किया, तब तो जैसे वे दु:ख के सागर में डूब गये। एक बार हिन्दी के एक बड़े लेखक को लखटकिया पुरस्कार मिला, मगर पुरस्कार देन वालों से सैद्धांतिक तालमेल न होने के कारण उन्होंने पुरस्कार ठुकरा दिया। इस घटना से वे बड़े आहत हुए, बोले, "पुरस्कार तो सम्मान का प्रतीक है, उसे इस तरह ठुकराना ठीक नहीं है, राशि भी कम नहीं है, अभी तो ताव में आकर ठुकरा रहे हैं, पीछे पछताएँगे।" बाद में वे उन्हें अहंकारी लेखक मानने लगे थे। उनका विचार है कि लेखक को विनम्र होना चाहिए।

एक बार क्षेत्रीय स्तर की एक साहित्यिक संस्था ने क्षेत्र के रचना कर्मियों को पुरस्कृत करने के उद्देश्य से पाँच हजार रुपये का एक पुरस्कार देना प्रारम्भ किया। हर वर्ष क्षेत्र के एक रचनाकार को वह पुरस्कार दिया जाने लगा। पुरस्कार उसी वर्ष प्रकाशित पुस्तक पर दिया जाता था। कवि जी ने इधर-उधर से पैसों की जुगाड़ कर पचास-साठ पृष्ठ की एक पुस्तक छपवा ली, फिर पुरस्कार समिति के संयोजक पर इधर-उदर से दबाव डलवाकर पुरस्कृत भी हो गये। पुरस्कार लेते समय वे वर्षों बाद मुस्कराये। जब लोगों ने उनका मुस्कराते हुए पुरस्कार लेता हुआ फोटो देखा तो सहज में पहचान न सके। घर पर बच्चों ने वह फोटो देखा तो पूछा, "पापा जब आप मुस्करा रहे थे, तब आपको कैसा लग रहा था ? जरा एक बार हमें भी तो मुस्करा कर दिखाइए।" उन्होंने बच्चों के सामने मुस्कराने का प्रयास किया, मगर मुस्कान उनके चेहर पर आते-आते तिरोहित हो जाती। अगले वर्ष जैसे ही पुरस्कार उनसे बहुत कम उम्र के एक लेखक को मिला तो वे फिर दु:खी हो गये।

घास की रोटियाँ और इक्कीसवीं सदी

एक खबर थी कि राजस्थान के लोग अकाल के कारण घास की रोटियाँ खा रहे हैं, पर यह खबर झूठी होगी, क्योंकि ये अखबारों ने दी है। जब भी इस प्रकार की खबरें छपती हैं, तब सरकारी तौर पर यह समझा जाता है कि अखबार झूठी खबरें छापते हैं या बढ़ा-चढ़ा कर छापते हैं। ये पीत पत्रकारिता है। सच्ची-कड़वी खबरें छापना सरकार की राय में पीत पत्रकारिता करना माना जाता है। सरकारी उपलब्धियों के कागजी आंकड़े छापना, मंत्रियों के फोटो सहित उनके वक्तव्य छापना, सरकारी समारोहों की रपटें आदि छापना रचनात्मक पत्रकारिता है। मुझे भी यह खबर झूठी लगती है। सच्ची होती तो दूरदर्शन पर जरूर दिखाई जाती। दूरदर्शन पर राजस्थान के उन गरीबों को घास की रोटियाँ खाते देखना हमारे समृद्ध भारतीयों के लिए एक बिल्कुल नया अनुभव होता, पर दूरदर्शन ने ऐसी कोई खबर नहीं दी, इसलिए विश्वास नहीं होता।

इक्कीसवीं सदी में जा रहे देश के लोगों का अकाल पीड़ित होना वैसे ही अविश्वसनीय लगता है, फिर घास की रोटियाँ खाना तो कल्पनातीत लगता है। कुछ जानवर किस्म के लोग ही होंगे, जो घास की रोटियाँ खाते होंगे। आदमी तो उन्हें नहीं कहा जा सकता। देश को अगर हमें इक्कीसवीं सदी में ले जाना है तो भूखे-नंगे, गरीबों का अस्तित्व नकारना होगा, नहीं तो इनकी गरीबी और भूख हमें बराबर पीछे खींचती रहेगी।

वैसे भूखों मरना और घास की रोटियाँ खाना राजस्थान के लोगों के लिए कोई नयी बात नहीं है। यह तो उनकी प्राचीन वीरतापूर्ण संस्कृति का ही एक अंग है। महाराणा प्रताप ने घास की रोटियाँ खाने की जो परंपरा कायम की थी, राजस्थान के लोग उसे आज भी निभा रहे हैं, तो इसमें कौन से आश्चर्य की बात है ? यह तो उनका अपनी परम्पराओं को जीवित रखने का प्रयास मात्र है। कितनी प्रसन्नता की बात है कि इस वीर प्रदेश में आज भी ऐसे लोग हैं, जो भारत माँ के इस लाडले पूत की परंपरा का निर्वाह कर रहे हैं। पर अखबार वाले हैं कि बड़ी सुर्खियों में संवेदना के साथ इस खबर को प्रकाशित करते हैं। उन्होंने यह खबर ऐसे समय प्रकाशित की जब सत्तारूढ़ कांग्रेस बम्बई में अपनी पार्टी का शताब्दी समारोह मना रही थी और प्रधानमंत्री देश को 21वीं सदी में ले जाने का वायदा कर रहे थे। उस समय यह खबर जैसे कांग्रेस के नेतृत्व में हुए देश के विकास की कथा कह रही थी और प्रधानमंत्री को

21वीं सदी के कल्पनालोक से खींचकर महाराणा प्रताप के युग में ले जा रही थी। ये घास की रोटियाँ खाते गरीब लोग टी.वी. और कंप्यूटर वाले संपन्न व गतिशील भारत को पीछे खींचते लग रहे हैं। लगता है ये देश को आगे नहीं बढ़ने देंगे। देश की सारी विकास यात्रा इन्होंने रोक रखी है। देश जब भी विकास पथ पर अग्रसर होना चाहता है। तब–तब ये उसके सामने भूख और गरीबी की खाई खोद देते हैं। ऐसे लोग चाहे भूख के कारण घास की रोटियां खाएँ या भूखे मर जाएँ, अखबार वालों को चाहिए कि इनकी खबर न लें। हम आज दिनों–दिन प्रगति कर रहे हैं। हम आदमियों के बजाये कंप्यूटरों से सलाह लेने लगे हैं, नयी शिक्षा नीति पर बहस करने लगे हैं, श्वेत श्याम की जगह रंगीन टी.वी. बनाने लगे हैं। औद्योगिक विकास के लिए विदेशों से नयी–नयी तकनीक आयात करने लगे हैं,पर ये मुए गरीब हैं कि भूख–भूख चिल्ला रहे हैं। अकाल से पीड़ित हो रहे हैं। घास की रोटियाँ खा रहे हैं। मखमल के वस्त्रों में टाट के पैबंद से लगने वाले इन लोगों के बारे में कुछ सोचना ही बेकार है।

वैसे मेरी समझ में तो यह अफवाह ही है कि राजस्थान में अकाल है। क्योंकि अगर राजस्थान में अकाल होता तो प्रधानमंत्री अपने परिवार व ससुराल पक्ष के लोगों के साथ छुट्टियाँ बिताने राजस्थान कभी न जाते। जिस राजस्थान के रणथंभोर के बाघ अभ्यारण्य की हरीतिमा को देखकर प्रधानमंत्री और उनके विदेशी अतिथि प्रभावित हुए हों, उस राजस्थान में अकाल हो ही नहीं सकता। जिस वीर भूमि पर प्रधानमंत्री और उनके संबंधियों को प्रसन्न करने के लिए इलाहाबाद जैसे उच्च शिक्षित निर्वाचन क्षेत्र के प्रतिनिधि अभिताभ बच्चन ने "मेरे अंगने में तुम्हारा क्या काम है ?" की शैली में चारण नृत्य किया हो, उस राजस्थान में अकाल हो ही नहीं सकता। अगर होता तो अभिताभ बच्चन गाते राजस्थान के अंगने में अकाल का क्या काम है ?" और अकाल भाग जाता। जहाँ बाघों के अभ्यारण की सौंदर्य वृद्धि के लिये तथा प्रधानमंत्री के आतिथ्य हेतु लाखों रुपये खर्च किये जाते हों, वहाँ अकाल रह ही नहीं सकता। हरे भरे अभयारण में विचरने वाले उन्मुक्त बाघों के सामने अकाल की क्या मजाल कि ठहर जाये ?

जहाँ की सरकार वन्य जीवों के संरक्षण पर खजाना खाली कर रही हो वहाँ के लोग भूख मिटाने हेतु घास की रोटियाँ खा रहे हों, यह कैसे हो सकता है ? हाँ ऐसा हो सकता है कि सरकार ने वहाँ वन्य जीवों के खाने के लिये इतनी स्वादिष्ट घास पैदा की हो कि वह रोटी जैसी लगती हो और ये लोग खा रहे हों। कुछ वामपंथी विचरधारा के लोग ये सोच सकते हैं कि सरकार जंगली जानवरों के लिये तो लाखों खर्च कर रही है और भूखों मर रहे आदमियों की उसे खबर ही नहीं है। पर उनका ऐसा सोचना गलत होगा, क्योंकि वन्य पशु हमारी राष्ट्रीय प्राकृतिक संपदा हैं, जिसकी रक्षा हर हालत में करना हमारा प्रथम मानवीय एवं राष्ट्रीय कर्तव्य है। जिन वन्य प्राणियों की नस्ल हमारे यहाँ से धीरे–धीरे नष्ट होती जा रही है उनकी सुरक्षा के हर संभव उपाय हमारी सरकार कर रही है। आदमी तो इतनी बहुतायत में हमारे यहाँ हैं कि अगर सौ–पचास भूख से मर जायें तो कोई फर्क नहीं पड़ता। हाँ जब आदमी की नस्ल खत्म होने लगेगी, तो उसकी सुरक्षा के लिए भी समुचित उपाय सरकार करेगी। पर भी 21वीं सदी तक तो यह खतरा नहीं है।

स्तम्भ लेखन के मजे

साहित्यकार होकर यदि आपने स्तम्भ लेखन न किया तो समझ लीजिए कि आपका सृजन कर्म अभी अधूरा है। आप पचासों उपन्यास, सैकड़ों कहानियाँ, ढेर सारे लेख और अनगिनत कविताएं लिखकर भी जो काम नहीं कर सकते, वह कुछ वर्ष किसी साहित्यिक असाहित्यिक पत्रिका या किसी साप्ताहिक अथवा दैनिक पत्र में कोई स्तंभ लिखकर कर सकते हैं। आप देखेंगे कि जो ख्याति आपको अब तक नहीं मिली थी, वह अब मिलनी शुरू हो गयी है। आपको तो पता ही नहीं चलेगा और देखते ही देखते आप समूचे साहित्य जगत में चर्चित हो जायेंगे। यदि आप 'शो मैन' की भूमिका निभाना चाहते हैं तो चार-छैः विवादास्पद मुद्दे अपने स्तंभ में उठा दीजये, ये मुद्दे उठाते ही आपका शो चालू हो जायेगा। लोग आपके पक्ष-विपक्ष में सम्पादक के नाम चिट्ठियाँ लिखने लगेंगे और एक तरह का पत्र युद्ध छिड़ जायेगा। आपके स्तंभ से आहत कवि-लेखक अन्य पत्र-पत्रिकाओं में आपकी खिलाफत करते लेख लिखेंगे। गोष्ठियों में भी आपका स्तंभ लेखन छाया रहेगा। साहित्यकारों का एक गुट आपको हाथोंहाथ लेगा और उसके प्रतिबद्ध समीक्षक आपकी उन कृतियों की प्रशंसात्मक समीक्षा करने लगेंगे जिन पर पहले उन्होंने आपके निवेदन के बाद भी लिखना मुनासिब नहीं समझा था या फिर उनकी उन्होंने, धज्जियाँ उड़ाकर रख दी थीं। राजधानी से लेकर देश के दूरदराज अंचलों में होने वाले साहित्य समारोहों में आप अध्यक्ष, मुख्य अतिथि या मुख्य वक्ता होंगे। आप भी अपने स्तम्भ में केवल उन्हीं साहित्यिक आयोजनों की चर्चा करेंगे, जिनमें आपको आपकी हैसियत के मुताबिक बुलाया गया था और आने जाने की प्रथम श्रेणी की सुविधा के साथ भरपूर मानदेय दिया गया था। जहाँ आपको बुलाया तो बड़े शोर शराबे के साथ गया था, मगर वहाँ संचालकों-संयोजकों ने आपकी शान में कसीदे नहीं पढ़े, न आपके अनुकूल सुख-सुविधाएं जुटाईं, वहाँ के आयोजन की अपने स्तंभ में आप ऐसी खाट खड़ी कर दें कि बाकी लोग सतर्क हो जायें और वे लोग अगले वर्ष आपको पुन: बुलाकर अपनी भूल सुधार लें। जहाँ आपको एक बार बुलाकर अगली बार किसी और को बुला लिया जाये, वहाँ के बारे में आप स्तंभ में लिख दें कि वहाँ के लोग 'अमुक' जी, जिनकी स्मृति में यह आयोजन होता है, को भूलने लगे हैं, और यह बहुत ही कृतघ्नता है। हम धीरे-

धीरे एक कृतघ्न समाज में तब्दील होते जा रहे हैं। अब वे कहते फिरें कि नहीं साहब हम अमुक जी को नहीं भूले हैं और इस बार हमने पिछले वर्ष से भी अच्छा आयोजन किया था और श्री श्री 108 श्री अमुक जी और श्री श्री 108 श्री अमुक जी इस आयोजन में पधारे थे, उनकी कौन सुनेगा, क्योंकि उनके पास कोई अखबार या पत्रिका तो है नहीं और आपके पास तो बकायदा चार कॉलम का साप्ताहिक स्तंभ है ही।

अपने स्तंभ में आप एक-एक घर कर अफने दुश्मनों की खबर ले सकेंगे और दोस्तों को चर्चा में ला सकेंगे। आप लोगों को बता सकेंगे कि पिछले हफ्ते आपको अपनी प्रेमिका की बहुत याद आई। याद आये वे दिन वे क्षण, जब अपनी नौकरी के दिनों में अपने बॉस को झटका देकर प्रेमिका से मिलने जाया करते थे। वह कैसे आपको देखते ही बाँहों में भर लेती थी। कैसे आपने एक सवर्ण व प्रतिष्ठित होते हुए भी एक विजातीय कन्या को अपनाकर सामाजिक क्रान्ति का सूत्रपात किया। कैसे इस परोपकारी काम के लिए आपके समाज के कथित ठेकेदारों ने आपको लानत भेजी मगर आपने उनका अपनी सृजन शक्ति के बल पर मुकाबला किया। कैसे मुसीबत के दिनों में कविता (स्त्री का नाम नहीं) ने आपको समय से जूझने की ताकत दी। के से शादी के बाद आपने अपने को एक सफल पति सिद्ध करते हुए अपनी प्रेमिका को एक दम भुला दिया था। आज बादलों को देखकर उसकी याद आना पत्नी से बेबफाई नहीं बल्कि उस दिन की वापसी है,जब आपने पहली बार कविता-लिखी थी। पाठक भले ही इसे पढ़कर सिर धुनते रहें आपकी बला से। आपने तो अपने मन की भड़ास निकाल ली। अपनी प्रेमिका को भी अखबार के माध्यम से संदेश भिजवा दिया। ये काम आप स्वयं सोचिये क्या कविता कहानी के माध्यम से इतना आसान था ? कदापि नहीं।

आप अपने स्तंभ को बहुत गंभीर न बनाकर हल्का-फुल्का रखिये और किसी एक विषय पर केन्द्रित न रखकर उसे कई शीर्षकों में बाँट दीजिये। इससे आपको इसे लिखने में अधिक सोच विचार नहीं करना पड़ेगा। स्तंभ लेखन के दौरान कहीं घूमने फिरने गये, कहीं कुछ खाया-पिया तो उसका जिक्र भी अपनी अगली किश्त में कर दीजिये। आपकी बहू ने या बेटी ने या बहिन माँ आदि ने कितने स्वादिष्ट भरवाँ करेले बनाये कि उन्हें आपने फ्रिज में रखवा दिया और हफ्ते भर तक खाते रहे और स्तंभ लिखते समय भी मुँह में उन्हीं का स्वाद आ रहा है। किसी के पिता मर गये हैं, यह खबर सुनकर कैसे आपको वर्षों पूर्व मरे हुए अपने पिता की याद आ जाती है। एक शीर्षक के तहत इसका जिक्र भी कर डालिये। अगर आप किसी बड़े सरकारी पद पर हैं तो ये भी बताइयेगा पाठकों को कि आपके पिता कैसे थे और उसी में यह संदेश भी धीरे से खिसका दीजिये कि मैं अपने पिता की श्रेष्ठ संतान हूँ और पिताजी से अधिक योग्य व बड़े पद पर हूँ। स्तंभ की अगली किश्त में अपने पद प्रभाव की चर्चा कर डालिये। आप कहाँ-कहाँ रहे और इतने बड़े भारी पद की बड़ी भारी जिम्मेदारियाँ निभाने के बाद भी कैसे साहित्य की भी सेवा

करते रहे। कैसे अपने पद से साहित्यकारों का कल्याण करते रहे। कितने बीमार व विपदाग्रस्त कवि-लेखकों को आपने अपने प्रभाव से सरकारी सुविधा दिलाई, कितनी आर्थिक मदद दिलाई इसका जिक्र करना न भूलें। यह बताना भी न भूलें कि किन-किन बड़े लेखकों पर दयादृष्टि करते हुए आपने उनकी पुस्तकों की सरकारी खरीद कराई। किन-किन को आपने कौन-कौन से सम्मान-पुरस्कार इत्यादि दिलवाये, किन्हें किस विश्वविद्यालय की कौन सी पीठ पर बिठाया इस सबका अलग-अलग किश्तों में विस्तार से वर्णन कीजिये ताकि अपने को तीसमारखाँ समझने वालों को अपनी औकात पता चल सके और लोगों को आपका कद। जो साहित्यकार दिवंगत हो चुके हैं उनके बारे में भी ऐसी बातें लिख दीजिए जिससे यह साबित हो सके कि अगर आपकी कृपा उन्हें नहीं मिलती तो वे वे न हो पाते जो हो सके। उनके बारे में आप जो चाहे अपने स्तंभ में लिख डालिये व खंडन करने तो आ नहीं रहे हैं। आप किन-किन पुरस्कारों की निर्णायक समितियों के सदस्य रहे और कैसे आपने अपने चहेते व कृपापात्र लेखकों को पुरस्कृत कराने में कैसी भूमिका निभाई, यह सबकुछ आप अपने स्तंभ में लिख सकते हैं। इससे समूचे हिन्दी जगत में एक तूफान सा आ जायेगा जिसकी चपेट में छोटे-बड़े तमाम आपके विरोधी आ जावेंगे।

आप अपने परिवार के सदस्यों का, उनकी और अपनी रुचियों का जो वर्णन अपने साहित्य में नहीं कर पाये हैं, वह सब अपने स्तंभ में कर सकते हैं। आखिर स्तंभ होता किसलिए है? बताइए अपने बुद्धू पाठकों को कि आपकी पत्नी को बाजार में साड़ियाँ पसन्द करने में कितना समय लगता है। आपके नाती की टीचर पढ़ाने बैठती है तो वह कैसे उसे परेशान करता हा। आपका नौकर रामू कितना लापरवाह है, तो भी आपका कितना व्यक्तिगत खयाल रखता है। आपको किस मौसम में क्या अच्छा लगता है सब बता डालिये पता नहीं फिर मौका मिला न मिला।

कहीं पर साहित्यिक आयोजन है। आपकी मित्र मंडली उसमें छायी हुई है। आपके विरोधी उसमें आपके मित्रों को सुनने नहीं आते। बस अगले सप्ताह स्तंभ के लिये एक कॉलम का मैटर तैयार। बताइये कि वे (आपके विरोधी) कितने तंग दिल हैं कि हमें और हमारे मित्रों के अमूल्य विचारों को सुनने तक से परहेज करते हैं। अरे ये काहे के प्रगतिशील हैं? कभी कोई ढंग की नौकरी तक तो मिली नहीं इन्हें और ठसक ऐसी कि मेरे जैसे महान व सर्वशक्तिमान नौकरशाह की खिलाफत करते हैं, टुच्चे कहीं के? मुझे देखो कितना उदार व विशाल हृदय रखता हूँ। अपनी अफसरी के वक्त जब कोई आयोजन कराया तो इनमें से कइयों को बुलवाया। अच्छे महँगे होटलों में ठहराया, खाना खिलाया, पर सब भूल गये। एहसान फरामोश कहीं के? मैं अपने सम्पादकत्व वाली पत्रिकाओं में तुम्हें छापता रहा और ये अपने संपादन वाली पत्रिका में मेरे ऊपर कीचड़ उछाल रहे हैं, बेशर्म कहीं के?

बता दो साहित्य को गहन शोध और साधना समझने वालों को कि यदि तुम भी किसी ऊँचे ओहदे पर होते तो तुम्हें भी साहित्य में इतने पापड़ न बेलने पड़ते। मैंने साहित्य को कभी सीरियसली नहीं लिया, वह मेरा शौक भर रहा है, जैसाकि शास्त्रीय संगीत या विविध कलाओं और घूमने-फिरने या आयोजन करते रहने का मेरा शौक है, फिर भी मेरे साहित्य की चर्चा तुमसे कहीं ज्यादा है। तुमसे अधिक सम्मान व पुरस्कार मुझे मिले हैं। जिस लघु पत्रिका को मैंने दस-पाँच हजार का विज्ञापन दिला दिया, उसी ने मेरे ऊपर विशेषांक निकाल दिया। ये हैं तुम जैसे प्रगतिशील सोच वाले लेखकों व सम्पादकों की असलियत।

स्तंभ में जिसकी भी चर्चा करो उससे किसी न किसी रूप में स्वयं को अवश्य जोड़ लो। किसी बहुत बड़े कवि का स्मरण करते हुए यदि बहुत ऊँची न हो रही हो तो बताओ कि वे अपनी किसी कविता को तब तक अंतिम रूप नहीं देते थे, जब तक उस पर मेरी राय नहीं ले लेते थे। कभी-कभी तो वे मेरी व्यस्तता को देखकर कविताएँ मेरे पास छोड़ जाते थे और मैं उनसे आंशिक संशोधन कर उन्हें लौटा देता था। मेरे संशोधन को उन्होंने सदैव स्वीकार किया। एक कविता (चाहें तो शीर्षक दे दें) जो आज उनकी प्रमुख कविताओं में एक मानी जाती है, और देश के तमाम विश्वविद्यालयों में पढ़ाई जाती है, को तो मैंने इतना वक्त दिया था उसमें उनके केवल कुछ शब्द ही बचे थे। उसे नये रूप में देखकर वे बहुत खुश हुए थे। निश्चित ही इससे हाजमौला की बिक्री बढ़ेगी और साहित्य का औद्योगिक व व्यापारिक जगत से सीधा संबंध स्थापित हो सकेगा जोकि आज के बाजारवादी समय की एक मांग भी है।

स्तंभ लेखन को सदैव एक हथियार के रूप में इस्तेमाल कीजिये और उससे निरन्तर अपने विरोधियों पर वार व अपने मित्रों को बचाव करते रहिये। यदि आप में प्रहार करने की अच्छी क्षमता है तो लोग तरह-तरह से आपको प्रसन्न करके आपसे अपने विरोधियों का सफाया करवाने का प्रयास करेंगे। और इस तरह आपके साहित्यिक और आर्थिक दोनों ही पक्ष काफी मजबूत हो जायेंगे। तो फिर देर किस बात की। कहीं स्तंभ लेखन की जुगाड़ में लग जाइये।

अथ गर्दभोपाख्यान

इधर कुछ दिनों से गधे अखबारों की सुर्खियों में छाये हुए हैं। यूँ आज-कल गधे ही अखबारी सुर्खियों बनते हैं, आदमी तो उन्हें पढ़ने के लिये हैं। एक खबर पढ़ी कि अपने देश से विदेशों को गधों का निर्यात जरूरी हो गया है। निर्यात के बारे में हमारी नीति है कि हम देश में उत्पादित श्रेष्ठतम वस्तुओं का ही निर्यात करते हैं। अश्रेष्ठ का उपयोग करने के लिए हमारी सहनशीलता जलवायु में पले भारतीय नागरिक हैं। गधों का निर्यात इस बात का प्रतीक है कि अब हमारे यहाँ श्रेष्ठ गधों का उत्पादन होने लगा है यानि कि गधों की श्रेष्ठता की हमारी पावन परंपरा अभी भी कायम है।

दूसरी खबर मिली कि एक गधे को बचाने के चक्कर में एक रेलगाड़ी दुर्घटनाग्रस्त हो गयी जिससे उसमें सवार अनेक यात्री घायल हो गये। (गधों को बचाने के चक्कर में तो हमारा पूरा देश ही दुर्घटनाग्रस्त हो गया है। गधों के लिये सैकड़ों की बलि दी जा रही है, गधेपन के कारण न जाने कितने मर रहे हैं।) और तीसरी खबर भी इसी से मिलती जुलती थी कि एक गधे के कारण ट्रक व कार में भिड़ंत होने से कई व्यक्ति जख्मी हो गये। वैसे गधों के कारण कोई दुर्घटना हो जाना खबर नहीं है क्योंकि इस दुर्घटना प्रधान देश में जितनी भी दुर्घटनाएँ होती हैं, वे प्राय: गधों के ही सौजन्य से सम्पन्न होती हैं।

देश की आजादी का सबसे ज्यादा लाभ गधों ने ही उठाया है। सड़कों को तो गधे अपनी बपौती समझते हैं। आप किसी भी शहर में चले जाइये, सड़कों पर आवारागर्दी करते गधे आपको जरूर मिलेंगे। ये सही राह चलते राहगीरों से कहते हैं—"अगल-बगल आपकी, सड़क हमारे बाप की"। हमारे यहाँ के एक स्थानीय अखबार ने शहर की सड़कों पर गधों का उन्मुक्त बिहार देखकर "इधर भी गधे हैं, उधर भी गधे हैं। जहाँ देखो जालिम गधे ही गधे हैं।" शीर्षक से एक लम्बा चौड़ा लेख छापकर छोटे स्तर के अखबारों में गधों की घुसपैठ करा दी। वैसे छोटे अखबार (कुछ अपवादों को छोड़कर) प्राय: गधापचीसी से बचने की कोशिश करते हैं। छोटे अखबार घोड़ों के बारे में लिखें तो भी लोग ऐसे नाक भौं सिकोड़कर पढ़ते हैं जैसे सुअर के बारे में पढ़ रहे हों। दूर देश के गधे भी हमें घोड़े लगते हैं। दिल्ली के गधों का पूरा देश घोड़ों जैसे आदर करता है। अखबार में आये दिन उनका दुलत्ती झाड़कर गर्दभराग अलापने का सचित्र विवरण छपता

रहता है।

देश के एक ख्याति प्राप्त साप्ताहिक पत्र ने तो एक कार्टून कोना ही गधों के लिये समर्पित कर रखा है। इससे गधों का साहित्य में महत्त्व काफी बढ़ता जा रहा है। वैसे गधों के थोक लेखक कृशन चंदर हो गये हैं। उन्होंने "एक गधे की आत्मकथा" व "गधे की वापसी" जैसे लम्बे-चौड़े उपन्यास लिखकर गधों को साहित्य में स्थापित किया है। उन्हें बहुत से लोग गधों का लेखक कहते हैं। साहित्य में अगर कभी गधावाद चला तो कृशन चंदर को उसका प्रवर्तक माना जावेगा। जैसे देश में आजकल गधावादी साहित्य भारी मात्रा में लिखा जा रहा है। केवल उसका नामकरण होने की देर है। हरिशंकर परसाई और शरद जोशी को छोड़कर उनके बाद के प्राय: सभी व्यंग्यकार गधावाद के पोषक है। ये गधावादी हिन्दी साहित्य को पता नहीं कहाँ ले जायेंगे?

हम सड़कों पर गधों को देखकर बौखला उठते हैं, क्योंकि इन गधों से हमारी स्वाभाविक गति में बाधा पहुँचती है। सड़कों पर तेज गति से दौड़ते वाहनों को या तो गधे रोक सकते हैं या पुलिस। आम आदमी को तो वे कुचलते हुए चले जाते हैं। ऐसे में ये गति अवरोध का काम करते हैं। वैसे तो गधों के कारण देश की प्रगति भी अवरुद्ध होकर रह गयी है, हालांकि गधों की प्रगति हुई है। वे आम सड़कों से लेकर सत्ता के गलियारों तक पहुँच गये हैं। पहले गधे भार ढोया करते थे, अब देश इन्हें ढो रहा है। कुर्सियों पर बैठे गधे सारे दश पर भार बने हुए हैं। मगर हम हैं कि अपनी स्वार्थपरता के कारण कुर्सी पर बैठे गधों को बाप मानते हैं और सड़क पर खड़े अपने बाप को गधा। देश के बहुत से लोग अपने को इन कुर्सीधारी गधों की औलाद मानते हैं। यानि गधापचीसी जो इस देश में चल रही है इसमें हमारा भी योगदान है। जब मैं पढ़ता था तो मेरे मास्टर साहब मुझसे कहा करते थे, तुम बिल्कुल गधे हो। तुम्हें कभी अकल नहीं आयेगी। मैं मन ही मन सोचा करता था गधा हूँ तो अक्ल कैसे आयेगी? गधे का अक्ल से क्या वास्ता? और सचमुच मैं गधा ही रहा और आजकल साहित्य में दुलत्तिँ झाड़ रहा हूँ। कोई कुछ कहता है, तो रेंकने लगता हैं। मैं रेंकता, दुलत्तियाँ झाड़ता, लोटता, पीटता बड़े मजे से साहित्य को चर रहा हूँ और अपनी लीद से उसे गंदा कर रहा हूँ। अच्छी नस्ल के जो घोड़े पहले इसे चर रहे थे वे मुझे देखकर कुपित हुए, इधर मेरी देखा देखी दूसरे गधों ने भी चरना शुरू कर दिया। एक दिन घोड़ों ने मिलकर हमें यहाँ से खदेड़ना चाहा, पर तब तक हमारी संख्या इतनी अधिक हो चुकी थी कि उन्हें अपना इरादा छोड़ना पड़ा। अब हम इन घोड़ों को खदेड़ने के चक्कर में हैं।

राजनीति में तो गधों ने ऐसा सिक्का जमा लिया है कि अब घोड़े राजनीति में आने से कतराते हैं। एकाध घोड़ा इन गधों के बीच पहुँच भी जाता है तो या तो उसे गधा बना लिया जाता है या भगा दिया जाता है। धीरे-धीरे हालत ये बनती जा रही है कि देश में गधे ही गधे होते जा रहे हैं। घोड़े कहीं दिखाई नहीं देते। हर क्षेत्र में गधों की घुसपैठ हो गयी

है। अगर यही हाल रहा तो एक दिन हमारा देश गधा प्रधान देश होकर रह जायेगा। बहुत से जो शेर आपको दिख रहे हैं वे भी गधे ही हैं। उन्होंने शेर की खाल ओढ़ रखी है। जिस दिन लोग ये खाल उतार लेंगे उसी दिन ये रैंकते हुए अपने असली रूप में आ जायेंगे। लोकतंत्र में जनता ही असली शेर होती है। उसी का राज होता है। जरूरत है इसे जगाने की। गधों से मुक्ति के लिये हमें इस शेर को जगाना ही होगा। ये भरत का देश हैं शेरों का देश है। हमें इसे गधों का देश होने से बचाना है।

पत्नीभ्याम् नमः

आज के कलियुगी पति अपनी पत्नियों से बड़े परेशान रहते हैं। वे तमाम कोशिशों के बाद भी कलियुग की इस देवी को प्रसन्न नहीं कर पाते। फलतः उनका जीवन अशान्त और परिवार कलह का केन्द्र बन जाता है। आज के युग में यदि आप शारीरिक, मानसिक और आध्यात्मिक शांति चाहते हैं तो आपको पत्नी देवी को प्रसन्न करना ही होगा। उसके आशीर्वाद और वरदान के बिना जीवन में सुख-शान्ति मिलना असंभव है। पर पतियों के सामने समस्या यह है कि वे पत्नी को प्रसन्न करें तो कैसे? ऐसे पतियों को अब चिंता करने की जरूरत नहीं है। वे नित्य प्रातः स्नानादि से निवृत्त होकर और रात को सोने के पूर्व नियमपूर्वक श्रद्धाभाव से नीचे दिये गये पत्नी स्त्रोत का पारायण करें तो निश्चित ही उनकी पत्नी उनसे प्रसन्न होगी और उनका जीवन सुख और शान्ति से व्यतीत होने लगेगा।

''पत्नी स्त्रोत'' का मूल पाठ बहुत वृहद और क्लिष्ट है, जिसका पूरा पाठ करना आज के व्यस्त जीवन में संभव नहीं है। पतियों की सुविधा के लिये यहाँ उसका संक्षिप्त हिंदी अनुवाद दिया जा रहा है।

''जिसके एक हाथ में बेलन और दूसरे में झाड़ी है, जिसके माथे पर खतरे के निशान सा चमकता लाल सिंदूर, आँखों में पति को भयभीत करने वाला क्रोध और पैरों में मनचलों को प्रसादस्वरूप मिलने वाली पादुकायें हैं, उस शक्तिरूपा देवी पत्नी की मैं वंदना करता हूँ।''

''जिसकी वाणी में पति को आज्ञाकारी और सेवाभावी बनाने की शक्ति है, जिसके मुख कमल से निकला हुआ एक-एक शब्द पति के लिए ब्रह्म वाक्य है, जिसकी मधुर वाणी के लिये पति सदैव तरसता रहता है, जिसकी हर आज्ञा पति के लिये शिरोधार्य होती है, जिसके मुखारविंद से निकला हर वाक्य पति के लिए संविधान है तथा जिसमें पति को यूँ ही मूड आने पर ''तनखैया'' घोषित करने की अद्‌भुत शक्ति है उस वाग्देवी को मेरा नमस्कार है।''

''हमेशा फरमाइश करने वाली, पति को केवल अपने लिये बनी अहस्तांरित वस्तु समझने वाली, उसे निरन्तर आदेश और उपदेश देने वाली, पति की महिला मित्रों को सौत

और पुरुष मित्रों को देवर समझने वाली, बात बात पर ताने देनेवाली, पुरुषों को पति होने का अहसास कराने वाली, उनके अहंकार को चूर करने वाली और उन्हें सहनशील बनाने वाली उस करुणामयी देवी को मैं प्रणाम करता हूँ।''

''जिसके इच्छा रूपी अथाह सागह की थाह लेने के चक्कर में पति जीवन भर उसमें डूबता उतराता रहता है, जिसकी बात-बात पर पति का पानी उतरता रहता है, जिसके सामने अच्छे-अच्छे पति पानी माँगने लगते हैं, जिसका पानी रखने के लिए पति को खुद पानी-पानी होना पड़ता है और जिसके सताये जाने पर पति पानी तक नहीं मांग पाते, ऐसी यशस्विनी देवी को बारंबार नमस्कार है।''

''जिसके कारण सांसारिकता में रचे बसे रागी पुरुष भी वीतरागी हो जाते हैं, जिसके निरन्तर सद्व्यवहार से अच्छे-अच्छे भौतिकवादी दार्शनिक बन जाते हैं, जिसके सत्संग में रहने पर आदमी की आत्मा सांसारिक बंधनों से मुक्त होने को छटपटाने लगती है, जिसे देख-देखकर मनुष्य की अन्तर्दृष्टि विकसित होकर खुद के किये पाप कर्मों का निरीक्षण करने लगती है और मनुष्य पश्चाताप की अग्नि में झुलसने लगता है, ऐसी उस तेजस्विनी देवी का मैं पुन: पुन: स्मरण करता हूँ।''

''जिसके सामने आते ही शेर, सियार और घोड़े गधे बन जाते हैं, दुर्जनता सज्जनता में और अहंकार विनम्रता में बदल जाते हैं,जिसे देखते ही आलस्य और प्रमाद स्फूर्ति बन जाते हैं, जिसके सम्मुख वीरता कायरता में और हास्य करुणा में परिवर्तित हो जाता है, ऐसी प्रभामयी देवी पत्नी का मैं फिर-फिर अभिनंदन करता हूँ।''

''जिसका रौद्र रूप देखकर दहाड़ता हुआ पति रिरियाने लगता है, तेजस्वी पति के चेहरा तेज लुप्त होकर उस पर मुर्दागनी छा जाती है, सामाजिक जीवन के शतरंज में वजीर रहने वाला पति पैदल बन जाता है, व्यंग्यकार कवि और समीक्षक कहानीकार बन जाते हैं, उस वीरांगना देवी को मेरा नमस्कार है।''

उपरोक्त पाठ नियमपूर्वक करने से लाभ अवश्य होगा। एक सप्ताह तक नियमित करने से ही लाभ दिखाई देगा। न हो तो एक माह तक करें। अवश्य लाभ होगा। यह संक्षिप्त पाठ केवल उन्हीं व्यक्तियों को लाभदायक होगा जिनकी पत्नियाँ औसत पत्नी की श्रेणी में आती हैं। विशिष्ट श्रेणी की पत्नी वाले पतियों को ''पत्नी स्त्रोत'' का सम्पूर्ण पाठ करना चाहिए।

नोट-1. जिन पतियों की पत्नियाँ इन दोनों के नियमित पारायण से भी प्रसन्न न हों, वे ''आत्महत्या क्यों और कैसे ?'' पुस्तक पढ़कर अपना रास्ता तय कर सकते हैं।

2. पतिगण अपना भला बुरा स्वयं जानते हैं। (शायद, क्योंकि अगर जानते होते तो शादी ही क्यों करते ?) अत: वे जो भी करें उसकी जिम्मेदारी उन्हीं पर होगी। लेखक किसी दुर्घटना के लिये जवाबदेह नहीं होगा।

विप्लव जी की सलाह

बंधु अकिंचन जी,

स्नेह,

आपका दूसरा पत्र मिला, जिसमें आपने विस्तार से अपने बारे में लिखा है। यह आपने ठीक ही किया, इससे जो सलाह आपने मुझसे मांगी है, उसे देने में मुझे सुविधा होगी। पहले पत्र का उत्तर मैंने जानबूझकर इसलिए नहीं दिया कि आप मुझे एकदम ठलुआ (जोकि वास्तव में मैं हूँ) या साधारण आदमी (जिसे आजकल हेय दृष्टि से देखने का चलन है) न समझ लें। भरपूर फुरसत होने पर भी समय पर लोगों के पत्रों के उत्तर न देकर, बाद में व्यस्तता या प्रवास पर होने का बहाना बनाकर, विलंब के लिये क्षमा माँगकर खुद का बड़प्पन दिखाने का रिवाज हमारे हिंदी जगत में पुराना है। इस मामले में मैं परंपरावादी हूँ। इस परंपरा को कायम रखते हुए ही मैंने आपके पहले पत्र का उत्तर नहीं दिया था। एक महान परंपरा के पोषण के लिये किये गये मेरे इस आचरण को आप अन्यथा न लें। हिंदी में प्राय: सभी प्रगतिशील लोग भी इस मामले में यथास्थितिवाद के पक्षधर हैं। जिन चीजों से हमारी व्यक्तिगत प्रगति होती हो, उन्हें अपनाना ही तो प्रगतिशीलता है। अगर कोई सम्मान, पुरस्कार या पद हमें प्रगतिशील बनाने वाला हो, तो यह विचार करना मूर्खता है कि उसे कोई शोषक या सांप्रदायिक व्यक्ति, संस्था या सरकार दे रही है। वर्षों से हमारे प्रगतिशील मित्र इस मामले में बुद्धिमान बने हुए हैं। कोई प्रगतिविरोधी सरकार जब किसी कवि-लेखक को कोई पुरस्कार देती है तो हमारे प्रगतिशील साथी उस कवि लेखक से उक्त सरकार का दिया अपवित्र पुरस्कार ग्रहण न करने की अपील करते हैं, मगर जब वही सरकार किसी प्रगतिशील कहलानेवाले कवि-लेखक के नाम पुरस्कार की घोषणा करती है तो वे यह कहकर पुरस्कार ग्रहण कर लेते हैं कि लोकतंत्र में पुरस्कार की राशि अंतत: जनता के ही पैसे से दी जाती है, और उसी जनता के लिये हम लिखते हैं, अत: पुरस्कार ठुकराना प्रकारांतर से जनता का अपमान होगा। हिंदी का दुर्भाग्य है कि तमाम यथास्थितिवादियों के गले ऐसे प्रगतिशील तर्क नहीं उतरते। विचारों में निरन्तर परिवर्तन, परिवर्धन ही प्रगतिशील है, ये बात ऐसे लोग नहीं

समझते। खैर छोड़िये इन प्रगतिशील बातों को।

आपने लिखा है कि आप निहायत मामूली हैसियत के आदमी हैं, न किसी बड़े पद पर हैं न गाँठ में पूँजी है, न सत्ता में बैठे लोगों से ही दूर-दूर तक वास्ता है। सम्पादकों से भी अपरिचय की स्थिति है। किसी स्थापित-प्रतिष्ठित साहित्यकार के न आप कृपा पात्र है न रिश्तेदार, फिर भी साहित्य सेवा के क्षेत्र में प्रवृत्त होना चाहते हैं। लगता है कि आज की साहित्यिक दुनिया की कोई जानकारी आपको नहीं है, अन्यथा ऐसे बेहूदा निर्णय आप न करते। आज हिन्दी का जो परिदृश्य है, उसे देखते हुए यह काम आपके लिये हर तरह से जोखिम भरा व निराशाजनक है। आज हिन्दी में मामूली लोगों के लिये कोई जगह नहीं बची है। जब से खास लोगों ने इधर रुख किया है, तब से आम लोगों के लिये यहाँ हिंदी भवन के मुख्य-प्रवेश द्वार पर 'प्रवेश-निषेध' की पट्टिका लगा दी गई है। जो कूढ़मगज इस निर्देश का उल्लंघन कर अंदर प्रवेश करने का प्रयास करते हैं, उन्हें अपमानित होकर बाहर निकलना पड़ता है। अंदर खास लोगों का ही इतना जमावड़ा हो गया है कि उन्हीं के लिये जगह कम पड़ने लगी है। इन खास लोगों ने साहित्य की प्रायः सभी विधाओं पर कब्जा कर लिया है। कविता इनका प्रिय शगल है। उसे तो उन्होंने जैसे अपनी चेरी बना रखा है। इन्होंने कलम उठायी नहीं कि वह इनकी कलम पर आ विराजती है। ये जो लिखते हैं, वह कुछ नहीं तो कम से कम कविता तो होती ही है। भले ही वह एकदम नये तरह की प्रयोगवादी किस्म की हो, मगर जब इन्होंने इसे कविता समझ कर लिखा है तो वह कविता ही होगी, वैसे न होगी तो किसी प्रतिष्ठित पत्रिका में छपकर हो जायेगी, मगर हर हाल में वह कविता होकर रहेगी। ऐसे में भला मामूली आदमी की कविता कैसे टिक सकेगी? अब तो कहानी और उपन्यास जैसी चीजें भी ये लिख रहे हैं और धड़ल्ले से लिख रहे हैं। साहित्य से इतर अपने जीवन में इनमें से कुछ लोग इतने व्यस्त रहते हैं कि इन्हें अपनी दैनिक क्रियायें सम्पन्न करने के लिए भी मुश्किल से समय मिल पाता है, फिर भी लगातार कविता, कहानी, उपन्यास लिखते रहते हैं। कैसे? ये अंदर की बात है। अपने और अपनों द्वारा लिखे साहित्य को महत्वपूर्ण व श्रेष्ठ सिद्ध करने के लिये इनमें से कुछ ने समीक्षा पर भी आधिपत्य स्थापित करने की कोशिश शुरू कर दी है। किराये से समीक्षाएँ लिखवाने की नई परम्परा भी इन्होंने प्रारंभ की है। इनकी या इनके कृपापात्र कवि-लेखकों की पुस्तकों की जो समीक्षक जितनी अच्छी समीक्षा करता है, ये उसी अनुपात में राशि व्यक्तिगत रूप से समीक्षक को देते हैं। पत्र-पत्रिका जो राशि देगी वह अलग। कुछ ऊँचे लोग तो स्थापित व चर्चित समीक्षकों को दस हजार रुपये तक की राशि अपनी पुस्तकों की समीक्षा के लिये देते हैं। समीक्षक का ऐसे मूल्यांकन भला मामूली लोग कहाँ कर सकते हैं? अब स्वाभाविक है कि इतनी आकर्षक भेंट के साथ समीक्षार्थ आई कोई भी कृति अपनी विधा का 'मील का पत्थर' साबित होगी। अब तक की सर्वश्रेष्ठ कृति। ऐसी कृति का लेखक हमेशा एक नई जमीन तोड़ता है। एकदम नये

ग्लोबल डिजाइन के विचार रखता है और उसकी शैली तो 'न भूतो न भविष्यति' होती है। सर्वथा अनूठी। भाषा में ऐसी ताजगी, कि लगता है जैसे हर शब्द अभी-अभी नहाकर आया हो। यह कृति समीक्षा के अब तक स्थापित सारे मानदंडों को बहुत पीछे छोड़ते हुए अपने लिये नये मानक रचने की आवश्यकता प्रतिपादित करती है। उपकृत समीक्षक उसके लिये अपनी समीक्षा के सारे फ्रेम तोड़ डालता है। वह किसी में समाती ही नहीं है। ऐसे में आप समझ सकते हैं कि किसी मामूली आदमी की कृति किस बेरहमी से खारिज की जाती होगी (यदि किसी तरह से वह छप गयी तो) उसकी कैसी धज्जियाँ उड़ाई जाती होंगी, कि आगे वह लिखना ही छोड़ दे।

खास लोग बड़े व प्रतिष्ठित प्रकाशन संस्थानों से मोटी राशि देकर या पुस्तक की लंबी सरकारी खकरीद की गारंटी देकर अपनी पुस्तकें छपवाते हैं। फाइव स्टार होटल या राजधानी के किसी महत्वपूर्ण स्थान पर उसका लोकपर्ण कराते हैं। उद्घाटन समारोह किसी फिल्मी या राजनैतिक समारोह की तरह ग्लैमर युक्त होता है जिसमें साहित्य जगत के स्टार कवि लेखकों के अलावा सत्ता से प्रत्यक्ष या परोक्ष रूप से जुड़े लोग व प्रीपेड मीडियाकर्मी रहते हैं, यह सब इतनी खर्चीला व पहुँच वाला काम है जो हिन्दी के किसी आम लेखक कवि के बूते की बात नहीं है। फिर भी वे हैं कि फटे में टांग अड़ाने से बाज नहीं आ रहे। आगे खास लोगों को इनकी टांगें ही तोड़ना पड़ेंगी।

कुल मिलाकर खास लोगों ने साहित्य को एक प्रोडक्ट बना दिया है। वे उसे ग्लोबल बना रहे हैं। हिन्दी को विश्व भाषा बनाने पर तुले हैं, भले ही वह देश की भाषा न बन पाई हो।

एक मुश्किल यह भी है कि आप केवल लिखकर लेखक बनना चाहते हैं। भला आज कोई केवल लिखकर ही लेखक बन सकता है हिंदी में? जिन बड़े-बड़े धुरंधर लेखकों को आप देख रहे हैं उन्होंने वर्षों से लिखना छोड़ दिया है। और सच तो ये है कि जब तक ये लिखते रहे तब तक इतने बड़े लेखक नहीं थे, जितने कि लिखने से इस्तीफा देकर हुए हैं। हिंदी में आज लेखक बनने या बने रहने के लिये केवल लिखना पर्याप्त नहीं है, लिखने के अलावा भी बहुत सी बातें जरूरी हैं-मसलन कि आप राजधानी में रहते हों, स्थापित लेखकों के रिश्तेदार हों, यह न हो सके तो कम से कम जाति के अवश्य हों। बड़े-बड़े पंडों में से किसी के चेले या लठैत हों। संपादकों से सायंकालीन संपर्क हों, जिनसे प्रभावित होकर वे आपकी रचना की जगह आपको छापने लगें। सत्ताधारी लोगों से आपके ऐसे निजी संबंध हों, जिन्हें आप सार्वजनिक रूप से भुना सकें। समीक्षकों के प्रति आप बहुत ही सेवभावी हों उनके पसंद के होटल या बार में उनका पसंदीदा पानखान कराते रहें। तीज-त्योहार उनकी डयौढ़ी पर मत्था टेकते रहें। यथावसर उपहारादि देकर संबंधों में निरंतर मधुरता बनाये रखते हों। साहित्य से संबंधित सरकारी व गैर सरकारी जितने भी तीर्थ स्थान हों उनका निरन्तर दर्शन करते हों। तीर्थ सेवन का पुण्य कभी व्यर्थ

नहीं जाता। 'दरस परस मज्जन अरु पाना,हरहिं पाप कह वेद पुराना'। पुरस्कार दाताओं के दिल में आप ऐसी और इतनी जगह बना सकते हों कि घूम-फिरकर पुरस्कार आपको ही मिल सके।

तो बंधु अकिचन जी, ये तमाम बातें हैं जो साहित्य के क्षेत्र में आने पर आपको करना पड़ेंगी। यह कर सकते हों तो आपका स्वागत है, अन्यथा मेरी बात मानियेगा भले ही परचून की दुकान खोल लेना, मगर साहित्य के जंजाल में न फँसना, वरना अपना जीवन तो बरबाद करोगे ही, बाल बच्चों के भविष्य से भी खिलवाड़ करोगे। आशा है दिल की जगह दिमाग से काम लेंगे।

शुभेच्छु
विप्लव

जब हमने मकान ढूँढ़ा

कोई कुछ भी कहे, पर मकान मालिक आखिर मकान मालिक होता है। वह किरायेदार का श्रद्धास्पद और प्रथम पूज्य होता है। अगर कोई किरायेदार मौके-बेमौके उसको न पूछे, उसे महत्व न दे तो उसके मालिकाना व्यक्तित्व को ठेस लगना स्वाभाविक है। जब हमने एक बार अपने यहाँ सत्यनारायण की कथा कराई तो चूँकि पंडित जी के अलावा किसी को भोजन कराने की हमारी सामर्थ्य नहीं थी, इसलिये हमने किसी को नहीं पूछा तो मकान मालिक को भी छोड़ दिया। बस फिर क्या था ? उनका मकान मालिकत्व जाग उठा। मेरे किरायेदार की ये जुर्रत कि सत्यनारायण की कथा करा ले और मुझे पूछे तक नहीं ? देखता हूँ। सर का साया न छीन लिया तो मैं रामदीन नहीं। उन्होंने आहत अहं में मन ही मन निश्चय कर लिया।

दूसरे दिन सुबह जब मैं मीठी नींद के आनंद-सागर में गोते लगा रहा था, तभी मकान मालिक की कर्कश आवाज ने मुझे इस आनन्द सागर से ऐसे निकाल लिया गोया मैं उनके दूध के कटोरे में पड़ी मक्खी होऊँ। मन में आया कि उनकी इस अशिष्टता के लिये उन्हें घुड़क दूँ, पर उस समय उनका ओजस्वी रूप देखकर मैं भय से रबर सा सिकुड़ गया। किरायेदार कितना ही दमदार हो, मकान मालिक के सामने वह दुमदार बन जाता है। किसी आसन्न संकट की आशंका से मैं मन ही मन सरकारी कुएँ सा रीत गया। मैं उन्हें चाय के लिये अंदर आने को कहूँ इससे पहले ही उन्होंने कोर्ट की भाषा में अल्टीमेटम देते हुए कहा, "आप एक हफ्ते के अंदर मकान खाली कर दें।" इससे पहले कि मैं उनसे इस आकस्मिक कोप का कारण पूछता, वे झटके के साथ मिलिट्री स्टाइल में पीछे मुड़े और चले गये। मैं निलंबित हुए अफसर सा उन्हें जाते देखता रहा। उनका अल्टीमेटम सुनकर मुझे ऐसा लगा जैसे मैं मंत्री होऊँ और उन्होंने हाइकमान की तरह मुझे इस्तीफा देने को कहा हो।

खैर साब, उनकी आज्ञा सिरोधार्य करने के अलावा हमारे पास कोई चारा नहीं था। सो हमने बड़ी विनम्रता के साथ उनसे निवेदन किया कि अगर आप कहीं कोई अच्छा सा मकान अन्यत्र दिलवा सकें तो मेहरबानी होगी। हमारा यह निवेदन ऐसा ही था जैसे कोई मंत्री, मंत्री पद से इस्तीफा माँगे जाने पर मुख्यमंत्री जी से किसी निगम का अध्यक्ष बनाये

जाने को कहे। जब वे बिल्कुल नकारात्मक दिखे तो हमने बिना विलम्ब किये दूसरा मकान ढूँढ़ना प्रारंभ कर दिया। मकान ढूँढ़ते-ढूँढ़ते हम एक ऐसी जगह पहुँचे जहाँ मकान मालिक कहीं बाहर रहते थे और मकान मालकिन मकान को किराये पर दिया करती थीं। जब हमने उनसे उनके मकान में किरायेदार के पद पर नियुक्ति चाही तो उन्होंने सरकारी सिलेक्शन कमेटी की तरह हमारा इंटरव्यू लेना शुरू कर दिया—

"आप कहाँ के हैं?"

"अमुक जगह के"

"वहाँ फलाँ-फलाँ को जानते हैं?"

"जी नहीं।"

"अरे आप उन्हें नहीं जानते, वे तो हमारे रिश्तेदार होते हैं? खैर।"

"आप किस विभाग में हैं?"

"जंगल विभाग में।"

"किस पद पर हैं?"

"अमुक पद पर।" (पद जरा प्रतिष्ठित न होने से बताने में सकुचा रहा हूँ)

"अकेले ही रहना है या सपरिवार?"

"सपरिवार।"

"परिवार में कितने सदस्य हैं?"

"एक पत्नी, दो बच्चियाँ, तीन बच्चे और एक मैं यानि कुल सात सदस्य।"

"तो ये कहिये न कि आधा दर्जन से भी अधिक?"

"जी।" मैंने मजबूरी में हाँ मिलाई, हालाँकि मुझे उनका इस प्रकार अपने परिवार के सदस्यों की दर्जन के हिसाब से गिनती करना अच्छा नहीं लगा। आदमी आखिर आदमी है, कोई पेन, पेंसिल या कापी तो नहीं कि दर्जनों के हिसाब से गिनो?

"बच्चे ज्यादा शैतान तो नहीं?"

"जी, ज्यादा तो नहीं हैं, पर कुछ तो हैं ही। पर यहाँ आकर वे शैतानी कदापि न करेंगे।" बच्चो तो आपकी शक्ल देखकर ही शैतानी भूल जायेंगे। मैंने मन ही मन कहा।

"आपकी उम्र क्या है?"

"आपसे एकाध बरस बड़ा होऊँगा यानि कि चालीस-बयालीस के पास।"

"और पत्नी की?"

"जी उसकी जरा कम है। तीस के भीतर होगी।"

"अरे इतना अंतर? क्या दूसरी शादी की है? खैर जाने दीजिये। अच्छा ये बताइये कि आपकी पत्नी कुछ सिलाई-कढ़ाई जानती हैं कि नहीं?"

"जी जानती हैं थोड़ा बहुत पर इससे आपको क्या सरोकार है?" मैंने तनिक झिझकते हुए संकोच से कहा।

"वाह साब! आप भी खूब हैं। सरोकार क्यों नहीं हैं? पूरा-पूरा सरोकार है। अजी आखिर आप हमारे किरायेदार हैं, घर के नहीं कि हमें आपसे कोई मतलब न हो। मौक-बेमौक सिलाई-कढ़ाई का काम आ जाये तो किरायेदार को छोड़ कहाँ जावेंगे? फिर, आपकी पत्नी से हमारी लड़कियाँ भी सीख लेगी।"

"ठीक है।" मैंने कहा।

"आपके पास पंखा तो है?"

"जी।"

"कैसा?"

"सीलिंग फेन"

"तब ठीक है मुझे भी यही पसंद है। रेडियो तो आपके पास होगा ही?"

"जी।"

"कौन सा लोकल है न?"

"जी नहीं कंपनी का है।"

"कोई बात नहीं तब तो चलेगा। लोकल होता तो जरा दिक्कत थी क्योंकि वह मुझे जरा भी पसंद नहीं है।"

"आप कौन सी स्टेशन सुनना पसंद करते हैं? सीलोन या ऑलइंडिया।"

"विविध भारती।"

"ठीक है पर यहाँ आकर आपको सीलोन या ऑलइंडिया ही सुनना पड़ेगा। बड़े प्यारे गाने आते हैं इन स्टेशनों से। विविध भारती तो बोर है।" सहमति में मेरा सिर बिना हिलाये हिल गया और मुझे महसूस हुआ कि मेरी व्यक्तिगत रुचि-अरुचि नष्ट होकर मकान मालकिन की रुचि-अरुचि ही मेरी रुचि-अरुचि बनती जा रही है।

मैंने अपने आपको झकझोर कर जगाना चाहा, पर तभी मुझे याद आया कि मैं किरायेदार हूँ और मकान ढूँढ़ने निकला हूँ।

उन्होंने इंटरव्यू देना जारी रखते हुए अगला प्रश्न पूछा—

"आपको दाल कौन सी पसंद है?"

"अरहर की।"

"और सब्जी?"

"बैगन की।"

"आप अखबार तो पढ़ते होंगे?"

"जी।"

"कौन सा?"

"गुड मॉर्निंग टाइम्स।"

"अब यहाँ आकर "एवरी डे एक्सप्रेस" पढ़ियेगा।"

''बहुत अच्छा पेपर है। हमारे यहाँ यही आता है। आप आ जायें तो आप मंगाने लगियेगा। हम बंद कर देंगे। आपके यहाँ आयेगा वही पढ़ लिया करेंगे।

''जी।'' मैंने निर्विकार भाव से ऐसे कहा जैसे वे हमारी इष्ट देवी हों और उन्हें हर प्रकार से प्रसन्न करना हमारा कर्त्तव्य हो।

''तब ठीक है। आप हमारे कियायेदार होने लायक हैं। आप जब चाहें आकर सामान रख लीजियेगा।''

''पर किराया तो आपने बताया ही नहीं।''

''किराया? किराया तो नाम मात्र को ही है केवल पाँच सौ रुपये।''

''और नल बिजली वगैरह का?''

''बिजली के दो सौ रुपये और नल के पचास रुपये अलग हैं।''

''मैंने दिल थामकर काँपती अंगुलियों पर हिसाब लगाया। फिर मकान मालकिन के चेहरे पर एक तिरछी नजर फेंकी। साढ़े सात सौ होते तो बहुत हैं, पर मकान अच्छा है और पिछला मकान मालिक अल्टीमेटम दिये बैठा है, जिसकी मियाद कल खत्म होनेवाली है।

''ठीक है'' कहकर मैंने एडवांस की रकम उनकी हथेली पर रख दी। इस लेन-देन में उनकी उँगलियाँ मेरी उंगलियों से छू गयीं। मेरे शरीर में रोमांच हो आया। लेकिन पता नहीं यह रोमांच उनकी उंगलियाँ टकराने का था या रुपये जाने का था या मकान मिलने की खुशी का।

काश हम न हुये अभिनेता

हिन्दी के किसी लेखक से कोई पूछे कि अगर आप अभिनेता होते तो ? तो इसका उत्तर देने में उसे कोई कठिनाई नहीं होगी, क्योंकि उसे अपने आपको लेखक सिद्ध करने के लिये किसी मँजे हुए अभिनेता से किसी तरह कम अभिनय नहीं करना पड़ता। मंचीय कवि तो अपने अभिनय से ही मंच पर टिक पाते हैं। इन्हें हम साहित्य के अभिनेता कह सकते हैं।

पर साब असल अभिनेता होना तो बात ही कुछ और है। वो जलवे, वो शोहरत, वो शान ओ शौकत साहित्य में कहाँ ? एक दिन मैंने अपने एक साहित्यिक मित्र से पूछा, ''क्यों साब, अगर आप अभिनेता होते तो क्या करते ?''

उन्होंने बड़ा सीधा सा जवाब दिया, ''अभिनय करता और क्या करता ?''

''बेचारे'' मैंने मन ही मन उनके बारे में सोचा। ये समझते हैं कि अभिनेता का काम केवल अभिनय करना है। जबकि हिन्दी सिनेमा में अभिनेता अभिनय के अलावा सारे काम करता है।

पता नहीं मित्र को क्या हुआ कि कुछ देर बाद मुझसे बोले, ''और अगर तुम होते तो क्या करते ?'' उनके इस प्रश्न ने मुझे एकदम कवि बना दिया और मैं धीरे-धीरे कल्पना लोक में विचरण करने लगा। सोचने लगा, ''अगर हम अभिनेता होते तो सबसे पहली बात तो ये होती कि हम अपने छोटे से कस्बे में कीचड़ से लबालब भरी, बदबूदार नालियों के किनारे बने शीलन भरे झोंपड़े में न रहकर मुंबई में समुद्र के किनारे किसी खूबसूरत बंगले में रह रहे होते। इकलौते ब्रेक, फटी सीट और घंटी के अलावा सबकुछ बजने वाली साइकिल की जगह नये मॉडल की सुंदर कार में सैर कर रहे होते। हमेशा बीमार और तनावग्रस्त रहने के कारण चिड़चिड़े स्वभाव की अपनी धर्मपत्नी यानि कि धर्म की पत्नी (जैसे कि धर्म का भाई या धर्म की बहिन होती है) को देवी का दर्जा देकर उसे मात्र आदर की वस्तु बना देते और सिने तारिकाओं के साथ इश्क फरमाते।''

''शूटिंग के दौरान हम सदैव सेट पर देर से पहुँचकर अपने को बड़ा और व्यस्त अभिनेता सिद्ध करने का प्रयास करते। अभिनय में बड़े और स्थापित अभिनेताओं की नकल करते मगर पत्र-पत्रिकाओं को इंटरव्यू देते वक्त पूरी अकड़ के साथ कहते, ''मैं

किसी की कार्बन कापी नहीं हूँ।'' प्राय: हर फिल्म में हम अपना अभिनय दोहराते पर कहते यही कि ''मैं टाइप्ड नहीं बनना चाहता, मैं हर तरह की भूमिका करना चाहता हूँ।''

''पत्रकारों को पैसे देकर हम अपने रोमांस को चर्चे छपवाते और छपने के बाद जब कोई दूसरा पत्रकार उन चर्चों के बारे में पूछता तो यह कहकर पत्रकारों पर ही आरोप लगाते कि ''पत्रकारों को क्या वे तो कुछ भी छापते रहते हैं।''

''जब हमें फिल्में मिलना बन्द हो जाता है और हमारा मार्केट रेट निर्माताओं की नजर में गिरने लगता तो हम किसी चर्चित हीरोइन के साथ अपने रोमांस के किस्से छपवाकर निर्माताओं का ध्यान अपनी ओर खींचते। हम मन से पत्रकारों से मिलने को लालायित रहते पर प्रकट में ऐसा दिखते मानो हम पत्रकारों को घास नहीं डालते और वे ही हमें महत्वपूर्ण मानकर हमारे पीछे पड़े रहते हैं। कभी यह भी होता कि हमारे प्रतिद्वंद्वी अभिनेता के पालतू पत्रकार हाथ धोकर हमारे पीछे पड़ते और वे हमारे बेडरूम में झाँककर हमारे बारे में कुछ ऐसा चटपटा मसाला छापते जिससे हमारी छवि बिगड़ने का खतरा होता। ऐसे पत्रकारों के साथ हम भरपूर हाथापाई भी करते और ऊपर से उनके खिलाफ मानहानि का मुकदमा भी चलाते। यह सब हम केवल इसलिये करते कि ऐसा करने से हम एक नये रूप में चर्चाओं के केन्द्र में आ जाते। हमारी उम्र ज्यादा होने के बाद भी अगर किसी फिल्म में हमारी बेटी या नातिन की उम्र की हीरोइन के साथ भी काम करने को कहा जाता तो हम बेशर्मी के साथ इसके लिये भी तैयार हो जाते और उसकी कमर में हाथ डालकर ईलू, ईलू करने लगते।''

मेरा सोचना तनिक देर के लिये रुका। मैंने मित्र की तरफ देखा। वे बीड़ी पीने में मस्त थे। मेरा मन फिर लौट पड़ा। ''वाह साब सचमुच अभिनेता होता तो क्या ठाठ होता ? जो संपादक अभी लेखक के रूप में मेरी रचनायें बिना देखे ही लौटा देते हैं, वे ही अपनी पत्रिका में मेरी कबर स्टोरी छापते और उसके साथ विभिन्न मुद्राओं में मेरी रंगीन तस्वीरें छापते। युवक-युवतियाँ, जो मेरी रचनाओं को देखकर नाक-भौं सिकोड़ते हैं बड़े चाव से उस स्टोरी को पढ़ते। जो लोग अभी मेरे लंबे-लंबे लेखों तक का कोई नोटिस नहीं लेते हैं, वे ही मेरे डायलॉग्स दुहरा रहे होते। न जाने कितने आदर्शहीन युवाओं का मैं आदर्श होता।''

''लंबे समय बाद जब हम देखते हैं कि अब हम फिल्मों में फ्लाप होने लगे हैं, तब किसी दिन अचानक हम राजनीति में आने की घोषणा कर देते। इस घोषणा से तहलका मच जाता और विभिन्न राजनीतिक दल हमारी छवि को भुनाने के चक्कर में हमें अपने चक्कर में लेने का प्रयास करते। हम भी जानते-बूझते किसी न किसी के चक्कर में आ जाते। देर सबेर वह दिन भी आता जब हम देश की संसद का चुनाव लड़ते और युवा मतदाताओं व सिने प्रेमी जनता के सहयोग से जीत भी जाते। फिल्मों में लंबे समय तक जोड़-तोड़ की राजनीति करने के बाद अब राजनीति में आकर हम जनता को रिझाने के

लिये तरह–तरह का अभिनय करते।''

हम खयालों में खोये थे कि यकायक मित्र के शब्द कानों में पड़े, ''तो क्यों साब आपने बताया नहीं कि अगर आप अभिनेता होते तो क्या करते ?'' मैंने निराश होकर कहा, ''क्यों मजाक करते हो यार, हमारे ऐसे भाग्य कहाँ कि हम अभिनेता होते ? हमारे भाग्य में तो लेखक होना लिखा है।''

मेरा उत्तर सुन मित्र उठे और चल दिये। आप जानते हैं ऐसा जबाव मैंने क्यों दिया ? इसलिये ताकि मेरा मित्र लेखक होने को बेहद घटिया मानकर लिखना छोड़ दे और इस तरह मेरा एक प्रतिद्वंद्वी लेखक रास्ते से हट जाये।

साहित्य क्षेत्रे

राजधानी क्षेत्र के गुरुनुमा साहित्यकार ने कस्बे के अपने शिष्यनुमा साहित्यकार को लिखा—

प्रिय श्री विपुल जी,

बहुत दिनों से तुम्हारा कोई पत्र नहीं मिला। तुम्हारे शहरनुमा कस्बे में इन दिनों साहित्य के क्षेत्र में क्या हो रहा है, कौन क्या लिख रहा है, कहाँ छप रहा है, किस गुट से जुड़ रहा है ? लिखना। डॉ. गड़बड़झाला इधर क्या गुल खिला रहे हैं, उनके तेवर क्षेत्रीय संस्थान से जुड़े उस नेतानुमा लेखक से अभी भी वैसे ही तनावपूर्ण हैं या स्थिति कुछ नियन्त्रण में चल रही है ? अपने को क्षेत्रीय बोली का कविकुल कुमुद सुधाकर समझनेवाले कविराज आजकल किसके फटे में अपनी टांग अड़ा देते हैं ? संस्थानी लेखक का वह चेला, जो बिना कुछ लिखे ही तुम्हारे कस्बे के लेखकों की जमात में शामिल हो गया है, इन दिनों किन गतिविधियों में लिप्त हैं ? मेरे उस सम्पादक मित्र के क्या हाल हैं ? पंडित प्रवर आजकल महीने में औसतन कितने आयोजनों की अध्यक्षता कर रहे हैं ? सब समाचार विस्तार से लिखना।

तुम तो समझते हो कि साहित्य के क्षेत्र में संवाद बनाये रखना कितना आवश्यक है ? विद्या से कहना कि उसके आलू के पराठे मुझे अब तक याद हैं। स्वस्थ प्रसन्न होंगे।

तुम्हारा ही
अकिंचन

पत्र के उत्तर में विपुल जी ने लिखा

पूज्य पाद अकिंचन जी,

पांय लागन,

कल रात को एक कवि सम्मेलन से लौटा तो विद्या ने आपके पत्र के बावत बताया। शहर की साहित्यिक गतिविधियों के बारे में, मैं आपको दो पत्र लिख चुका हूं। लगता है, डाक विभाग की कृपा से आप तक पहुंचे नहीं हैं। उन पत्रों में मैंने प्राय: उन सभी बातों की चर्चा की थी, जिनका जिक्र आपने अपने इस पत्र में किया है। अब आपकी इच्छानुसार मैं एक बार फिर यहां के साहित्य क्षेत्र में हो रही हलचल के बारे में लिख रहा

हूँ। आपको तो पता ही है कि छोटी जगह पर दस-बीस रचनाएं लिखकर लोग साहित्यकार की छवि बना लेते हैं। गोष्ठियों व साहित्यिक समारोहों में वे अपनी उन्हीं घिसी-पिटी रचनाओं को दुहराते रहते हैं। कुछ समय बाद होता ये है कि ये तो अपनी रचनाओं को भूलने लगते हैं, मगर श्रोताओं को वे कंठस्थ हो जाती हैं। रचना पाठ के लिये इनका नाम पुकारते ही श्रोता इनकी रचनाओं को गुनगुनाना शुरू कर देते हैं। शहर के सभी साठिया साहित्यकार वर्षों से बिना कुछ लिखे न केवल बकायदा साहित्यकार बने हुए हैं, बल्कि उम्र के कारण वे वरिष्ठ व वयोवृद्ध भी कहलाने लगे हैं। एक नया लड़का जिसका जिक्र मैंने आपसे पिछली मुलाकात में किया था, यदाकदा लिखता रहता है और राष्ट्रीय स्तर की पत्र-पत्रिकाओं में छपता रहता है। शहर के न लिखने वाले सारे साहित्यकार उसके खिलाफ लामबंद हो गये हैं। ये लोग उसे साहित्यकार नहीं मानते, मगर वह हैं कि बिना इन लोगों की परवाह किये, निरंतर लिख रहा है। मेरा बहुत सम्मान करता है। अभी नया-नया है, किसी गुट से नहीं जुड़ा है। मैं उसे आपसे जोड़ने के प्रयास में हूँ।

डॉ. गड़बड़झाला अपने पुराने तैवर छोड़कर, क्षेत्रीय संस्थान के उसी लेखक की शरण मे चले गये हैं, जिसके खिलाफ कभी वे आग उगला करते थे। बताते हैं कि संस्थान की दो-चार गोष्ठियों में सम्मानजनक पारिश्रमिक देकर, उसने उन्हें अपनी ओर कर लिया है। पहले वे उसे जितनी गालियां देते थे, आजकल उसी अनुपात में उसकी प्रशंसा कर रहे हैं। संस्थान प्रमुख ने संस्थान के खर्चे से छपने वाली क्षेत्रीय वैभव पर केंद्रित एक पुस्तक के संपादन का भार भी डॉ. साहब को सौंप रखा है। सब जानते हैं कि संपादक बनने का यह गौरव उन्हें संस्थान प्रमुख की चाटुकारिता के कारण ही मिला है। आजकल वे शहर के साहित्यकारों से उक्त पुस्तक के लिये लेख माँगते घूम रहे हैं। केवल उस नये लेखक को इससे अलग रखा जा सकता है।

क्षेत्रीय बोली के कविकुल कुमुद सुधाकर आजकल अपनी टांगों को मालिश कराकर मजबूत कर रहे हैं। पता नहीं उन्होंने कैसे पता लगा लिया कि नये-नये संपादक बने डाक्टर साहब कुछ असली लेखकों को दरकिनार करते हुए अपने बहू-बेटे के लेख पुस्तक में शामिल कर रहे हैं, बस इसी फटे में उन्होंने अपनी मालिश की हुई एक टांग डाल रखी है, संपादक से कह दिया है कि उन्हें सहायक संपादक बनाओ नहीं तो टांग टूट भले ही जाय, मगर निकालेंगे नहीं। खबर है कि संपादक ने उनकी यह शर्त मान ली है और कविराज अपनी टांग खींचकर पुस्तक के लिए एक ऐसा लेख लिख रहे हैं, जिसमें दूसरों की टांगे खींची जा सकें। शहर की साहित्यिक गतिविधियों व साहित्यकारों पर केन्द्रित इस लेख में जहां कुछ चना चबेना बेचने वालों को महान व प्रतिभाशाली साहित्यकार निरुपित करने की योजना है, वहीं कुछ जाने-माने लेखकों का जिक्र न करके, उनके साहित्यिक अवदान को नकारने का विचार है। सृजनात्मक उर्वरता नष्ट होने

के बाद वे आजकल इसी तरह के टांग खींचू अभियान में जुटे हुए हैं। उनकी शाम का खर्च उटाकर कोई उनसे कुछ भी लिखवा सकता है। शहर के अधिकांश अभिनन्दन व धन्यवाद-पत्र वे ही लिखते हैं। वे इसे एक साहित्यकार की जनसेवा निरूपित करते हैं।

संस्थानी लेखक के जिस चेले की चर्चा आपने की है, वह इन दिनों खूब फल-फूल रहा है। आप तो जानते हैं, उसके गुरू जी की पहुँच राजधानी तक है। उसने वहाँ हाथ-पांव मारकर अपने इस चेले को लेखकों के एक राष्ट्रीय संगठन की शहर इकाई का अध्यक्ष बनवा दिया है। इस तरह वह शहर के लेखकों का अध्यक्ष बन गया है। अब अगर उससे कोई कहता है कि आप स्वयं तो कुछ लिखते नहीं है, फिर लेखक संघ के अध्यक्ष कैसे बन गये ? तो जानते हैं, वह क्या जवाब देता है ? कहता है कि मैं तो अध्यक्ष हूँ, लिखना तो लेखकों का काम है, अध्यक्ष का काम तो संगठन की गतिविधियाँ देखने का है। आजकल वह अपने संघ की ओर से खूब गोष्ठियाँ आयोजित करता है। वह गोष्ठियों का या तो संचालन करता है या उनकी अध्यक्षता करता है। गोष्ठियों के विषय वह अखबारों में छपने वाले साहित्यिक समाचारों से चुरा लेता है। जैसा कि आप और यहां के सभी साथी जानते हैं कि न तो वह विद्वान है न लेखक है, फिर वह गोष्ठियों में अधिकारपूर्वक भाषण देता है। निराला के साहित्य पर केंद्रित एक गोष्ठी में उसने अपना अध्यक्षीय भाषण कुछ इस तरह दिया "साथियो! जैसा कि अभी अनेक वक्ताओं ने कहा, निराला का साहित्य अपने आपमें निराला है। निराला एक महान कवि थे। उनका साहित्य महान है। उनके जैसा साहित्य न तो अब तक लिखा गया, न कभी लिखा जायेगा। उनके साहित्य का गहराई से अध्ययन करने की आवश्यकता है। उनकी साहित्यिक धरोहर की रक्षा करना हम सबका कर्तव्य है। बस इन्हीं शब्दों के साथ मैं अपना स्थान ग्रहण करता हूं।"

'साहित्य के वर्तमान संकट' विषय पर आयोजित एक गोष्ठी में उसने कहा, "मित्रो! वर्तमान समय में साहित्य पर संकटों के बदल मंडरा रहे हैं। हमें इन खतरों से सावधान रहना है। साहित्य का संकट हम सबका संकट है, समाज का संकट है, देश का संकट है। हमें इस संकट को संजीदगी से समझना है और इससे साहित्य की रक्षा करना है। याद रखो यदि साहित्य को कुछ हो गया तो हम भी कहीं के न रहेंगे। बस इसी के साथ मैं अपनी वाणी को विराम देता हूं।" शहर में साहित्यकार के रूप में उसकी धाक जम रही है, जिनकी धाक पहले से जमी थी, वे घबरा रहे हैं। उसने अपने संगठन में तमाम गैर साहित्यिक लोगो का जमावाड़ा कर रखा है।

आपके संपादक मित्र इन दिनों तनिक तकलीफ में चल रहे हैं। ले-देकर जो एक साहित्यिक आयोजन उनके हाथ में था, उसे संस्थानी लेखक ने डॉ. गड़बड़झाला व कविराज के साथ मिलकर हथिया लिया है। उनके गुट के तमाम लोगों को भी उसने अपने खेमे में खींच लिया है। अब वे किसी नये कार्यक्रम को हाथ में लेने की जुगत भिड़ा रहे हैं। आपको तो वे काफी मानते हैं, यदि कुछ हो सके तो उनके लिये करिये। बिना

आयोजन के वे नहीं रह सकते। कहीं से थोड़ा बहुत बजट दिलवा दीजिये, ताकि नया आयोजन शुरू किया जा सके।

पंडितजी महाराज का अध्यक्षता करने का धंधा आजकल कुछ मंदा चल रहा है। इधर कुछ ऐसी हवा चली है इधर कि जिसे देखो वही अध्यक्षता करने पर अमादा है। पिछले माह हुए कोई दर्जन भर आयोजनों में उन्हें केवल चार की अध्यक्षता करने का मौका मिल सका। अपने व्यक्तिगत लाभ के लिये सरकारी अफसरों से अध्यक्षता कराने का रिवाज बढ़ने से भी अब उन्हें मौका कम ही मिल पाता है, बाकी ठीक है।

विद्या आपकी बहुत याद करती है। आपका पत्र उसने कई–कई बार पढ़ा। ये आपकी महानता है कि हम जैसे छोटे लोगों की खैर खबर लेते रहते हैं। आपका आशीष मेरे साथ रहेगा, इसी आकांक्षा के साथ।

आपका सेवक
'विपुल'

पुनश्चः विद्या व बच्चों की इच्छा है कि मेरी कविताएं दूरदर्शन से प्रसारित हों। यदि कोई जुगाड़ हो तो बैठाईये। पत्र की बेसब्री से प्रतीक्षा रहेगी।

उलूक पर्व

दीवाली को चाहे प्रकाश पर्व कहा जाये या धन पर्व, पर वस्तुतः है यह उलूक पर्व ही। हंसों का पर्व तो यह नहीं है। दीपावली को कहा जाता है कि भगवान राम के वनवास से घर लौटने की खुशी में घी के दीपक जलाकर लोगों ने स्वागत किया था, इसलिए आज भी लोग इसी के प्रतीकस्वरूप दीपक जलाते हैं। ये दिये राम के लौटने पर अयोध्या के लोगों ने जलाये होंगे, हम तो अब उल्लू के स्वागत में दिये जलाते हैं, और मन ही मन प्रार्थना करते हैं कि हे उल्लूक जी! आप लक्ष्मी को लेकर हमारे घर पधारिये।

वैसे कहते हैं कि उल्लू को प्रकाश में नहीं दिखता, पर शायद दीवाली को रात के प्रकाश में दीखता हो, क्योंकि जिन ऊँची-ऊँची अट्टालिकाओं पर इस रोज खूब रोशनी होती है, उलूक जी वहीं लक्ष्मी को लेकर पहुँचते हैं। बाकी जिन माटी के घरौंदों में अभावों के कारण अंधेरा रहता है, जहाँ न पटाखे छूटते हैं न मिठाईयाँ बनती हैं, न नये कपड़े सिलते हैं, वहाँ कभी नहीं जाता।

दीवाली उलूक साधना का पर्व है जिसने उलूक महाराज को प्रसन्न कर लिया वह धन्य हो गया। उसका जीवन सफल हो गया। फिर उसके घर रोज दीवाली समझो और जिससे उलूक जी नाराज हो गये, उसकी दुर्गति का तो बखान करना ही मुश्किल है।

उल्लू लक्ष्मी का वाहन है पर यह बड़ा चतुर है। पहले वह लक्ष्मी के कहने पर चलता था, अब अपने मन से चलता है। अब जहाँ भी यह चाहता है वहाँ लक्ष्मी को ले जाता है।

लक्ष्मी बुरी तरह से इस उलूक-माया में फँस गयी हैं। धरती पर उल्लुओं की एक जमात है जो लक्ष्मी के साथ स्वर्ग में निवास करने वाले उलूक राज से सीधे संबंधित है। ये लक्ष्मी वाहक उलूक राज इसी जमात में हर दीवाली को लक्ष्मी को ले जाते हैं।

लक्ष्मी को न चाहते हुए भी इन उल्लुओं के घर जाना पड़ता है। लक्ष्मी कहती है कि भइया एकाध हंस के यहाँ भी मुझे ले चलो, वह बेचारा मेरी सौतेली बहन सरस्वती का वाहक है। ये बहन मुझसे वैसे भी नाराज रहती है कि मैं उसके सेवकों के पास नहीं जाती, एकाध हंस के घर चली जाऊँगी तो बहन को प्रसन्नता होगी। पर उल्लू कहता है नहीं मैडम, इन हंसों ने सरस्वती मैडम के कारण मेरी बिरादरी के लोगों का धरती पर जीना

मुश्किल कर रखा है। उनकी कौड़ियों की भी प्रतिष्ठा नहीं है। केवल आप की बदौलत ही वे चैन से रह रहे हैं, अगर आपने भी इन हंसों को पनाह दे दी, तो हम उल्लुओं का तो जीवन ही खतरे में पड़ जायेगा। आप ही की कृपा से तो हम लोग जिन्दा हैं। इस पर बेचारी लक्ष्मी को चुप रह जाना पड़ता है। जो जितना बड़ा और बढ़िया किस्म का उल्लू है लक्ष्मी उतनी ही उसके पास जल्दी पहुँचती हैं। बड़ी तोंदों वाले और मोटी चमड़ी वाले कुलीन उल्लुओं के पास से तो लक्ष्मी हटती ही नहीं हैं।

एक दिन सपने में मुझे उलूक राज के दर्शन हुए। मैंने कहा कि महाराज! बहुत दिन हो गये कष्ट भोगते अबकी दीवाली पर तो कृपा करो। हमारे बगल में आपकी बिरादरी का एक उल्लू रहता है, उसके यहाँ तो आपको आना ही है, तनिक देर के लिये इस गरीब के घर भी रुक जाना।

उलूक राज क्रोधित होकर बोले, ''चुप रहो, तुम अपने पड़ोसी उल्लू को परेशान करते हो। तुम हंसों से मिले हो। सरस्वती के एजेंट हो। तुम्हारे घर हरगिज लक्ष्मी नहीं जा सकतीं। लक्ष्मी चाहिये तो मेरी शरण में आओ और उल्लू हो जाओ, हमेशा सुखी रहोगे। हर दीवाली को सबसे पहले तुम्हारे घर लक्ष्मी लेकर पहुँचूँगा, नहीं तो फिर जैसे हो वैसे ही रहोगे।'' मैं कुछ सोचता कुछ कहता, इसके पहले ही मेरी नींद खुल गयी।

आजकल उल्लुओं की प्रतिष्ठा जिस तेजी से बढ़ रही है। (लक्ष्मी वाहक अब लक्ष्मी पुत्र कहलाने लगे हैं) उसे देखते हुए मैं सोच रहा हूँ कि क्यों न उल्लू हो लिया जाये?

छात्रों के नाम एक खुली चिट्ठी

धूल में हीरे मिलने की कहावत झूठी नहीं है। कभी-कभी राह चलते कूड़े-कचरे में ऐसी उपयोगी चीजें मिल जाती हैं, जो साफ सुथरी जगहों पर खोजने पर भी नहीं मिलती हैं। मैं एक दिन बाजार जा रहा था। रास्ते में ट्यूशन संस्थान के संचालक मास्टर जी का घर मिला। उनके दरवाज़े कुछ मुड़े-तुड़े कागज पड़े थे। मैंने उत्सुकतावश एक कागज उठा लिया। उसे खोलकर सीधा किया, वह मास्टरजी के हाथ से अपने छात्रों को लिखी एक चिट्ठी थी। शायद मास्टर जी ने कमरा साफ करते समय इसे कचरा समझकर बाहर फेंक दिया होगा। मुझे पता है कि मास्टरजी इस चिट्ठ्ठी के न मिलने से काफी दुखी होंगे, क्योंकि यह चिट्ठी उन्होंने बड़े जतन से भाव-विभोर होकर लिखी है, ऐसा इसे पढ़कर मुझे लगा। मैं यह चिट्ठी ज्यों की त्यों प्रस्तुत कर रहा हूँ।

मेरे प्रिय छात्रो,

स्कूल खुले कोई दो महीने होने को हैं, पर तुमने अब तक मेरे घर की सुध नहीं ली। पिछले दो महीनों से तुम सबके न आने से जैसे घर की रौनक ही चली गयी। सारे घर के लोगों के चेहरे जैसे उतर गये हैं। मुँह का स्वाद जाता रहा है। अब आटा पिसाने, नल और बिजली का बिल जमा करने, बाजार का सौदा-सामान खरीदने से लेकर गाय को घास-भूसा लाने और बच्चों को खिलाने तक सारे काम मुझे ही करना पड़ते हैं, तुम आ जाते तो मेरा भार हल्का हो जाता। ''सात पाँच की लाकड़ी एक जने का बोझ'' तुम सब मिलकर हँसते-खेलते ये सब काम निपटा दिया करते थे। आज हर काम को करते मुझे तुम्हारी याद आ रही है, क्या तुम्हें मेरी याद बिल्कुल नहीं आती ?

मेरे निष्ठावान विद्याथियो !

तुम क्या जानो कि मैं तुम्हारे लिये कितना बेचैन हूँ। तुम्हारे अब तक न आने का कारण मेरी समझ में बार-बार प्रयास करने पर भी नहीं आ रहा है। तुम्हारी गुरुवाइन से मैं कई बार इस बात को लेकर झगड़ चुका हूँ कि कहीं उसने तो तुम्हें कोई ऐसी-वैसी बात नहीं कह दी, जिससे तुम रूठ गये हो, पर वह कहती है कि कैसे बुद्धू हो, दुधारू गाय को कहीं कोई डंडा मारता है ? तुम्हीं कभी-कभी कोई सवाल न आने पर या अँग्रेजी का अर्थ न बनने पर उन छात्रों को पीट देते थे जो ये सवाल या अर्थ पूछने की गलती कर

बैठते थे। लेकिन यह सच नहीं है। इतनी सी बात पर तुम यूँ नहीं रूठ सकते।

फिर आखिर क्या कारण है कि तुम नहीं आये। क्या इस बार तुम्हारी गणित अच्छी हो गयी ? क्या तुम्हें अंग्रेजी आने लगी है, क्या प्रैक्टीकल मार्क्स का कोई मोह तुम्हें नहीं है ? यहाँ न आने पर कक्षा में बात-बेबात तुम पर कितनी मार पड़ेगी क्या इसका अनुमान तुम्हें नहीं है ?

कहीं ऐसा तो नहीं है कि मेरे किसी दुश्मन ने तुम्हें फुसला लिया हो ? मेरे खिलाफ भड़का दिया हो ? तुम विगत दो वर्षों से लगातार मेरे गृह शिष्य रहे हो। क्या तुम खुद मुझे नहीं जानते, जो दूसरों की बातों में आ रहे हो। क्या तुम्हें मेरी योग्यता पर भरोसा नहीं ? ठीक है कि तुम्हारी हर समस्या का समाधान नहीं कर पाता, पर परीक्षा में और प्रैक्टीकल में अधिक से अधिक नंबर दिलाने में मेरी महारत का तो तुम्हें पता है। परीक्षा के समय गणित के प्रश्न पत्र के दिन कितने सवाल मैंने चुटकों में हल करके पेशाब घर में जाकर तुम्हें दिये थे, क्या तुम भूल गये ? यह काम, क्या तुम जानते हो कि मेरे अलावा कोई कर सकता है ? इन सब कामों के कारण मेरी स्टाफ में कितनी छीछालेदार होती है, पर मैं तुम सबके लिये यह सब सहता रहता हूँ मुझे संतोष है कि मैं दूसरों की भलाई के लिये अपने शिष्यों की भलाई के लिए यह सब कर रहा हूँ। मैं तुम्हें विश्वास दिलाता हूँ कि मैं आगे भी तुम्हारी मदद के ये काम करता रहूँगा।

मुझे विश्वास है कि तुम मेरी भावनाओं को समझोगे और चिट्ठी पढ़कर घर लौट आओगे। घर के सब छोटे-बड़े तुम सबका इन्तजार कर रहे हैं।

लेखकीय निवेदन-छात्रों से निवेदन है कि वे इस चिट्ठी को अवश्य पढ़ें और पढ़कर अपने लिये तड़पते गुरुजी के घर पहुँचकर उन्हें कृतार्थ करें।

❑❑❑